DE

FRESCHWILLER

A

SEDAN

DE

FRESCHWILLER

A

SEDAN

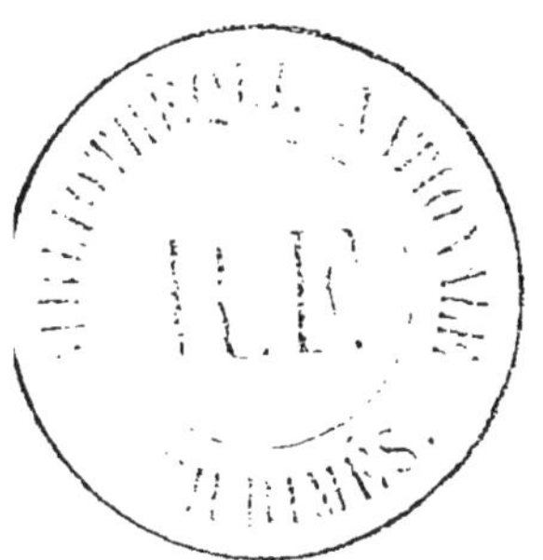

JOURNAL D'UN OFFICIER DU Ier CORPS

AVEC

DOCUMENTS AUTHENTIQUES

LETTRES INÉDITES, NOTES ET CONSIDÉRATIONS MILITAIRES

TOURS

LIBRAIRIE HACHETTE ET Cie

SUCCURSALE PROVISOIRE, RUE ROYALE, 82

NOVEMBRE 1870

DE FRESCHWILLER A SEDAN

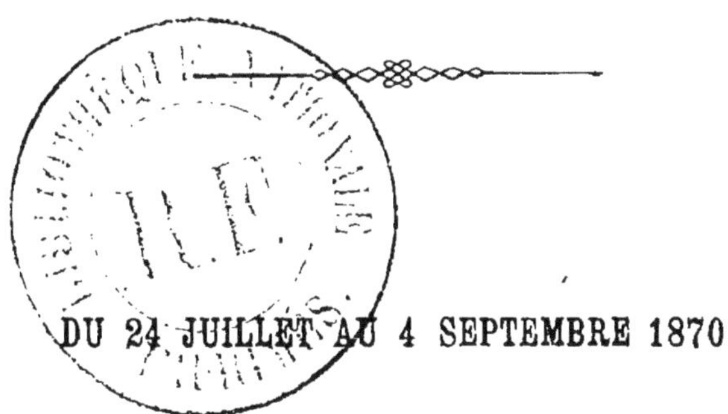

DU 24 JUILLET AU 4 SEPTEMBRE 1870

Mon bon ami, j'ai eu le malheur de te parler, dans la dernière lettre que je t'ai écrite du séjour de ma captivité, de mon pauvre journal. — Aujourd'hui tu me supplies de t'en envoyer une copie que tu veux publier : — je ne m'y refuse pas, si, après l'avoir lu, tu crois encore qu'il puisse avoir quelque utilité. — De prime abord, tu trouveras peut-être mes réflexions un peu dures; mais tu les trouveras douces, au contraire, si tu veux bien réfléchir qu'elles ont été écrites sous l'impression du moment. — Je t'engage à ne rien changer, à ne rien modifier, si tu veux conserver à ce simple *factum* son seul mérite, celui de la plus entière franchise. — Sois sûr que tous les faits sont vrais, complétement vrais.

I

24 *juillet* 1870. — J'arrive au quartier général du 1er corps d'armée, commandé par le maréchal de Mac-Mahon et encore à Strasbourg. — Je suis plein d'espérance et d'illusion. Les déclarations du ministre de la guerre sont tellement positives, nous sommes si bien *parés,* comme disent les marins, nos adversaires le sont si peu, que la campagne, pour moi, comme pour beaucoup d'autres, sera un jeu glorieux et de peu de durée. Depuis quatre jours je vois Berlin dans tous mes rêves.

A peine descendu à l'hôtel, je me mets dans ma plus belle tenue de guerre, et je fais mes visites aux membres de l'état-major général, qui se compose : du général de brigade Colson, chef d'état-major, ancien chef du cabinet du maréchal Niel, longtemps en mission en Russie ; du colonel Faure, sous-chef, ancien aide de camp du fameux Yussuf ; des chefs d'escadrons Tissier, Corbin, ce dernier ancien aide de camp du maréchal Niel, auteur d'une conférence sur la garde mobile, qui a fait un certain bruit dans le monde militaire ; de Bastard ; des capitaines de Grandmarie, de Grouchy, fils du général Alphonse et petit-fils du maréchal, charmant officier sous tous les rapports ; Leroy, arrivé d'Algérie avec le maréchal ; des lieutenants d'état-major Uhrich, fils du général qui commande à Strasbourg, Lamy.

L'état-major particulier du maréchal se compose des lieutenants-colonels d'Abzac et Broye ; du capitaine d'artillerie de Vaulgrenant ; du capitaine de spahis de Vogué ; des lieutenants d'Harcourt (frères), l'un du corps d'état-major, l'autre du 1er de zouaves. L'intendant du 1er corps est M. de Séganville ; le médecin en chef, le docteur Legouest, un des hommes les plus considérables du corps médical, principal de 1re classe, professeur au Val-de-Grâce et membre de l'Académie de médecine.

Je suis arrivé à Strasbourg en même temps que ce dernier.

Dès mes premières visites, dès mes premières questions, ma foi robuste dans notre situation, que je croyais si brillante, commence à tomber. Il y a de quoi : qu'on en juge. Au lieu de quatre belles divisions d'infanterie et une de cavalerie à trois brigades, devant former le 1er corps, que je crois organisé et prêt à entrer en campagne avec ses *impedimenta*, j'apprends que l'on a des portions de brigades, et que les troupes ne sont pas toutes arrivées; qu'elles n'ont pas leurs ambulances, et que leur artillerie n'est pas au complet. Jolis préparatifs de guerre!

Espérons que les Prussiens ne sont pas plus avancés que nous. On dit qu'ils se rassemblent et se concentrent du côté de Landau et de Mayence, en communication avec Rastadt.

On prétend que des corps nombreux se massent derrière la forêt Noire. Nous avons quelques troupes chargées de surveiller la frontière du côté de Lautenbourg et de Wissembourg; elles se relient avec le 5e corps, celui du général de Failly en position vers Bitche. Il me semble que nous sommes un peu en l'air et assez mal soudés les uns aux autres.

Sept corps agissant isolément et isolés, sept fils différents dans la main d'un seul homme qui n'a pas prouvé en Italie qu'il eût le génie militaire de son oncle, tant s'en faut. C'est là quelque chose de grave et de peu rassurant. Enfin, il n'est pas admissible que l'on ne sache pas au quartier impérial ce que fait l'ennemi. On assure que les Prussiens nous attendent dans leurs places fortes. Faire des siéges serait bien ennuyeux. Il paraît que nous passerons le Rhin le 9 août au matin, du côté de Strasbourg, pour nous porter sur le grand-duché de Bade. Du moins c'est, dit-on, le plan de Sa Majesté.

Du 25 *au* 30 *juillet*.. — Vraiment, il était bien inutile de me faire partir de Paris, *dar, dar,* comme si le feu était aux poudres, sans même m'accorder le délai de tolérance. Me voilà ici occupé, à quoi? à visiter Strasbourg, sa cathédrale et sa bibliothèque, et à compléter mon installation personnelle.

Le médecin en chef me disait ce matin qu'il est obligé pour l'instant de renoncer à organiser le service des ambulances, par la bonne et simple raison qu'il n'a, en fait de personnel, que quelques médecins-majors, chefs d'ambulances divisionnaires, et pas un seul aide; et, en fait de matériel, que des caissons en petit nombre, sans attelage, pas de mulets pour les cacolets. Il paraît, au reste, que tout se dirige sur le grand quartier général de Metz, où se trouve l'empereur. Sa Majesté, impatiente d'agir, active l'organisation des troupes qui l'entourent, c'est fort bien; mais si l'empereur était un peu plus versé dans la science militaire, il saurait qu'en attirant à lui tous les moyens d'action, au lieu de les laisser répartir dans les différentes fractions de son armée, il paralyse tous les services. J'ai peut-être tort de confier de pareilles réflexions au papier; si jamais on attrapait mon journal, on me trouverait bien outrecuidant daus les hautes sphères. Après cela, ces braves gens en doivent savoir plus que moi.

30 *juillet.* — Le major général est venu conférer avec le maréchal de Mac-Mahon. Que se sont-ils dit? voilà ce qu'eux seuls pourraient raconter. — On arme Strasbourg. J'avoue que je ne croyais pas qu'une place de premier ordre et de première ligne, à quatre pas de la frontière et du Rhin, pût être désarmée, à une époque où, grâce aux moyens rapides de locomotion, l'ennemi peut entrer instantanément sur notre territoire. J'ai causé avec quelques officiers d'artillerie. Tous sont persuadés que l'armement de notre infanterie, par le chassepot, est supérieur à celui des Prussiens; mais ils ne sont pas convaincus qu'il en est de même pour l'artillerie. Je me suis pris à rire lorsqu'ils m'ont

dit cela, et je les ai réduits au silence par ce raisonnement bien simple :

« Comment voulez-vous que le maréchal Le Bœuf, auquel vous accordez un grand mérite dans votre corps savant, ne connaisse pas à fond l'artillerie ennemie? Comment voulez-vous que son aide-major, le général de division d'état-major Jarras, qui a en mains, comme directeur du dépôt de la guerre, tous les rapports, tous les mémoires envoyés depuis quatre ans sur la confédération du Nord, sur la Prusse, sur les États allemands, n'ait pas donné des notions certaines, indiscutables, touchant les armées ennemies, leur personnel, leurs effectifs, leur matériel? Sont-ce là des choses admissibles? — Et nos mitrailleuses?...

— C'est vrai, me dit un vieil officier d'artillerie; mais j'ai vu des expériences sur le tir des bouches à feu, en Allemagne, et je vous déclare que les canons prussiens en acier fondu, se chargeant par la culasse, me paraissent supérieurs en portée et en justesse aux nôtres.

— Pour peu que cela continue, répondis-je, vous allez me parler de leurs pièces monumentales de siége. Vous rappelez-vous celle de l'exposition de 1867?

— Hé! hé! reprit mon interlocuteur de l'air d'un homme qui n'est pas convaincu.

— Bah! si notre tête de colonne pouvait se tromper aussi grossièrement, ce serait à mettre à Charenton ministre et généraux. »

Du 1er au 3 août. — Nos divisions partent les unes après les autres, en tout ou en partie. La 2e, celle du général Abel Douay, est la plus avancée sur la frontière extrême du nord-est. Elle occupe Wissembourg. Les autres sont à Soultz, Reischshoffen, Haguenau, Niederbronn.

3 *août.* — Toutes les troupes du 1er corps ont quitté Strasbourg. Il ne reste plus dans la ville que le 87e de ligne, quatre dépôts d'infanterie, qui doivent former la garnison, plus l'état-major général et les batteries de réserve. On dit que nous partons demain.

4 août. — Ce matin, à 9 heures, le maréchal de Mac-Mahon a fait venir à son quartier général le général de division du cadre de réserve, Uhrich, chargé du commandement de la 6e division territoriale, et de celui de la place de Strasbourg. Je sais d'une manière positive que le maréchal a reçu cette nuit, de l'empereur, une dépêche télégraphique ainsi conçue : « Vous serez attaqué aujourd'hui ou demain. »

Voilà qui change bien l'aspect des choses. Les Prussiens prennent donc l'offensive ; ils veulent donc passer la frontière les premiers, et porter la guerre chez nous ? Toutefois il faut que le maréchal n'ait pas jugé la position comme bien critique, puisque, au lieu de se porter immédiatement en avant, chose facile, il est encore ici ce matin. L'ordre de départ est pour une heure de l'après-midi ; donc, rien ne presse ; nous aurons le temps de déjeuner.

Le général Uhrich a demandé au maréchal de lui laisser une brigade d'infanterie et des troupes d'artillerie ; mais ce dernier lui a fait observer que Strasbourg étant couvert par le 1er corps, une garnison nombreuse était inutile; que, dans le cas où le 1er corps opèrerait hors du rayon de Strasbourg, on lui enverrait du renfort; que, du reste, il allait passer la frontière vers le nord-est. Le maréchal est convaincu, d'après cela, que nous ne serons pas attaqués chez nous; il doit le savoir.

Nous partons à une heure pour Haguenau, situé à six lieues d'ici. Nous devons coucher dans cette ville. Il est six heures, nous entrons dans Haguenau. Ce matin, au moment du départ de Strasbourg, les bagages ont débouché du château impérial pour défiler sur la place de la Cathédrale. C'était monstrueux d'encombrement. Les services administratifs sont restés; ils ne partiront que demain. J'ai vu arriver quelques officiers d'intendance, quelques médecins, la plupart jeunes élèves du Val-de-Grâce; les chevaux pour les fourgons arriveront, m'a-t-on dit, ce soir seulement.

Voici une singulière nouvelle : la 2e division (Abel Douay) aurait été surprise, battue, écrasée à Wissembourg par des forces très-considérables, par une véritable armée, et son chef aurait été tué. Allons, décidément, nous sommes incorrigibles. Nous avons fait précisément la même faute qu'en Italie, au commencement de la campagne, à Voghera. Seulement, il paraît que la pauvre division Douay ne s'en est pas tirée aussi heureusement que la division Forey.

Voilà une mauvaise entrée en matière. Espérons que le 1er corps prendra sa revanche. On dit que le régiment de turcos, surpris étant au bain, s'est battu sans vêtements, en sauvage, avec une bravoure, un acharnement qui a fort étonné les Prussiens.

Évidemment ces derniers étaient hors de proportion avec nous. Il est à présumer que les écrasés de Wissembourg se seront repliés sur les Vosges, et que nous allons aller à leur secours, pour les recueillir et défendre les défilés.

Il est huit heures du soir; on sonne à cheval, la brigade de cavalerie qui se trouve à

Haguenau part avec nous. Il paraît que nous nous portons sur Reischshoffen, à trois lieues d'ici, à quelques kilomètres de Niederbronn et de l'entrée du défilé des Vosges.

C'est égal, la dépêche de l'empereur aurait dû éclairer le maréchal; nous pouvions facilement, en partant la nuit, arriver à temps pour soutenir la division Douay.

5 *Août.* — La nuit a été fatigante; nous sommes arrivés à Reischshoffen à une heure du matin. Nous en sommes repartis à trois heures, toujours à cheval, avec le maréchal, pour choisir une position défensive entre la vaste forêt de Haguenau et les Vosges.

Si réellement nous devons avoir en face de nous des forces très-supérieures, est-ce qu'il ne serait pas plus sage, plus rationnel, de gagner la montagne et de défendre les passages?

On assure, dans notre état-major, que l'empereur a fait dire au maréchal d'attaquer. J'espère que le brave de Mac-Mahon a trop le coup d'œil militaire pour prendre l'offensive, s'il n'a pas chance de battre l'ennemi; deux écrasements bêtes en trois jours, ce serait trop.

Les troupes du 1er corps, trois divisions d'infanterie, et les deux brigades de cavalerie qui n'ont pas donné à Wissembourg, ont ordre de prendre position en face d'un village appelé Wœrth, occupant les coteaux sur la berge méridionale d'un petit ruisseau, le Sauerbach, coulant au pied de Wœrth.

La position défensive de Freschwiller, que nous allons occuper, me paraîtrait fort bonne et très-belle, si nous avions assez de troupes pour la garnir; mais notre droite pourrait bien être un peu en l'air. Nous avons d'excellentes troupes, vigoureusement commandées. Espérons! Pourvu qu'on ne s'engage pas contre des forces trop considérables et trop disproportionnées. Nous sommes si maladroitement vaniteux en France!

Notre gauche est appuyée à un bois, sur la route de Reischshoffen, qui est notre principale ligne de retraite par Niederbronn, Bitche, etc.; notre front est couvert par les villages de Freschwiller et d'Alsacehausen; mais le village, à l'extrême droite, n'est pas occupé faute de monde, sans cela notre ligne serait trop étendue. Serons-nous attaqués aujourd'hui? Peut-être.

Il est 5 heures du soir, on signale l'ennemi. Les Prussiens ne semblent pas vouloir s'engager avec nous, mais seulement faire une reconnaissance, pour se rendre compte de notre position. Journée passablement fatigante. A demain la bataille, selon toute apparence.

Les on-dit vont vite, comme bien l'on pense. Ainsi, on affirme que le maréchal a télégraphié qu'il a devant lui une véritable armée, tandis que nos forces s'élèvent seulement à 33,000 combattants, et qu'on lui a répondu du quartier impérial d'attaquer néanmoins, qu'il sera secouru de Bitche par le 5e corps, celui du général de Failly.

Saverne, 7 août, 8 heures du matin. — J'arrive à Saverne éreinté, moi et mon pauvre cheval; nous avons été, non pas battus, mais écrasés par une armée entière et par une artillerie décuple de la nôtre. — Ah ! mon brave officier, vous aviez jugé sainement les expériences faites devant vous en Allemagne! — Reprenons les choses depuis quarante-huit heures. Le 5, sur les 8 heures du soir, étant à Freschwiller, je vis le docteur Legouest. Il me raconta que le matin, sur une dépêche arrivée à Strasbourg, et annonçant l'affaire de Wissembourg, il était parti quittant la capitale de l'Alsace, avec son personnel médical, vers deux heures et demie, sans avoir eu le temps de se reconnaître et fort inquiet. Il avait vu la voie ferrée encombrée de troupes et de matériel, et déjà dans un commencement de désordre. A Haguenau, ne trouvant plus le maréchal, il s'était porté à Reischshoffen, où tout était en émoi par suite de la nouvelle donnée, d'une manière effrayante et maladroite, par deux imbéciles de gendarmes prétendant que l'ennemi s'avançait et n'était plus qu'à une lieue. Le docteur était revenu ensuite de Freschwiller à Reischshoffen pour y installer ses ambulances, d'une façon, hélas ! me dit-il, bien incomplète, l'organisation étant loin d'être achevée.

Le 6 au matin, nos reconnaissances de cavalerie s'étaient portées en avant pour avoir des nouvelles de l'ennemi; mais ce dernier, parfaitement au courant des us et coutumes de notre armée, de la façon maladroite dont nous exécutons le service en campagne; sachant que nous ne reconnaissons qu'au point du jour, s'était replié pendant la nuit. Nos partis de cavalerie n'avaient donc rien vu, rien aperçu, rien découvert, ce qui n'empêche pas qu'à huit heures une formidable artillerie ennemie couronnait les mamelons au-dessus de Wœrth, face à notre centre, et bientôt nous couvrait d'obus et de mitraille. Je crus qu'on allait se replier sur Niederbronn; car il était facile en ce moment de le faire, et un général même moins expérimenté que le duc de Magenta pouvait se rendre compte des forces auxquelles il allait avoir affaire, forces hors de proportion avec celles dont il pouvait disposer. Voyant que l'on acceptait la bataille dans des conditions d'infériorité ridicules, je fus persuadé que le maréchal avait la certitude d'être soutenu par un ou deux corps, celui de de Failly, au moins, qui, étant à Bitche à quelques lieues, ne pouvait pas ne pas entendre le canon, et qui, disposant d'une grande route et d'un chemin de fer, devait nous venir facilement en aide.

La bataille s'engage, nous la soutenons seuls, le plus malheureusement du monde, et, malgré toute la vaillance de nos troupes, le 1er corps est écrasé. Voici comment les Prussiens ont procédé. Un feu terrible d'obus et de mitraille sur notre centre, de façon à couvrir notre infanterie de projectiles et à faire taire une partie de notre artillerie, puis une attaque d'infanterie.

Ah ! par exemple, tout ce que tentèrent leurs soldats en dehors de l'action de leur artillerie ne leur réussit pas. Chaque fois que les bataillons prussiens cherchaient à aborder nos positions sur lesquelles s'amoncelaient déjà les cadavres de nos malheureux fantassins, ils étaient ramenés sur le ruisseau et sur Wœrth, pour ainsi dire à coups de bottes dans le derrière, par les zouaves et par les turcos des généraux Raoult et de Lartigue, ainsi que par la brave division Ducrot. Notre centre, malgré les pertes éprouvées, se maintient longtemps. Rien n'égale l'héroïque ténacité du brave Raoult. A l'abri de leur déploiement d'artillerie, les Prussiens, voyant que la droite est notre côté faible, massent sur leur gauche des forces décuples et nous abordent par un mouvement tournant.

Le maréchal veut tenter une diversion en prenant l'offensive au centre. Nous avons d'abord un semblant de succès; mais toutes nos réserves sont engagées, il faut bientôt battre en retraite par Reischshoffen et par Niederbronn. La brigade Septeuil, la division de grosse cavalerie Bonnemain, la brigade Michel et la division Duhesme se dévouent pour assurer la retraite. Ces braves cavaliers s'élancent.

Rien ne saurait donner une idée des

charges merveilleuses de ces intrépides régiments. La grosse cavalerie, au repos depuis 1815, a prouvé qu'elle n'avait pas dégénéré en France. Mais que faire contre des masses de projectiles criblant hommes et chevaux avant qu'ils aient pu atteindre le but? Voudra-t-on enfin se donner la peine de comprendre chez nous le rôle de la cavalerie en face des armes nouvelles? J'étais bien occupé pendant cette bataille de géants; cependant je n'ai pu m'empêcher de m'arrêter un instant sur les hauteurs de Freschwiller, pour contempler le glorieux et splendide spectacle guerrier de ces charges qui méritent de passer à l'état légendaire, au moins autant que celles des cuirassiers de Waterloo. Quelle bravoure de la part de nos soldats, mais quelles charges absurdes !

Un peu avant la retraite, qui bientôt se change en une vraie déroute, je passe près de l'église et de la maison d'école de Freschwiller. On y avait établi des ambulances. J'aperçois les chirurgiens à l'œuvre; on vient donner l'ordre au docteur Legouest d'évacuer personnel et matériel sur Reischshoffen. Il était temps, les ambulances sont criblées d'obus.

J'assiste bientôt au plus navrant tableau : débâcle sur toute la route (5 kilomètres), convoi de vivres abandonné, traits coupés, voitures renversées dans les fossés, fuite générale. En vain quelques officiers crient halte, on n'écoute plus rien. De braves médecins s'arrêtent pour panser des blessés, au milieu de ce pêle-mêle général. Quel désordre! la fuite, toujours la fuite. En ce moment un de mes camarades m'annonce que le général Colson et le capitaine de Vogué viennent d'être tués, que plusieurs autres officiers de nos amis sont blessés. Courant à bride abattue sur tous les points du champ de bataille pour porter des ordres, à peine ai-je le temps de donner une pensée aux glorieuses victimes de cette fatale bataille.

Au milieu de cet épouvantable cataclysme, je ne puis retenir un sourire en voyant un des membres les plus élevés de la hiérarchie administrative, qui n'a pu le matin assurer des vivres à nos pauvres soldats, mais qui chevauche tout glorieux parce que son plus beau cheval a été tué, sous son domestique, je crois. Le brave homme, il le dit à qui veut l'entendre; c'est bien intéressant. Quand donc Messieurs de l'administration, grands et petits, comprendront-ils, comme on le fait en Prusse, que leur devoir est de fournir les troupes de vivres, et non de houssarder et de parader dans les états-majors? Comme la division Napoléon, à l'Alma, a été avancée, de ce que son intendant avait été tué par un obus, non loin du prince? Nous gagnons avec bien de la peine (ceux qui ne sont pas blessés) Reischshoffen, où pour mon compte j'arrive à 5 heures. Comment? je l'ignore et l'ignorerai toujours. Quelles réflexions ont traversé mon cerveau pendant ma marche sur ce village, je ne m'en souviens plus. Un rêve, un affreux cauchemar. Nous continuons notre retraite (si l'on peut appeler cela une retraite) sur Niederbronn, où je me trouve à 6 heures et demie. Quelques uhlans s'étaient jetés au beau milieu du convoi. On prolonge le mouvement sur

Saverne. A Niederbronn nous trouvons la division Guyot de Lespart, du 5e corps. C'est là tout le secours que le 1er corps a eu de son voisin. Elle arrête le mouvement de poursuite, du reste assez faiblement prononcé, de l'ennemi sur nous. On me dit que le général de Failly a reçu de l'empereur l'ordre de ne pas bouger. La chose n'est pas admissible. L'histoire, la triste histoire, débrouillera la vérité à cet égard ; mais, dans mon faible bon sens, je ne puis reconnaître à l'empereur le droit de faire livrer bataille à 100,000 hommes par 33,000; au maréchal de Mac-Mahon, celui de faire écharper, même en vertu des ordres du souverain, son malheureux corps d'armée, en le maintenant en ligne contre des forces triples ou quadruples ; je ne puis reconnaître à M. le général de Failly le droit de ne pas porter secours à son camarade sans l'autorisation de l'empereur. Tout cela est d'une maladresse que rien ne justifiera jamais aux yeux des gens ayant une lueur non pas de sens militaire, mais de sens commun.

Il serait injuste d'oublier de parler de la 1re division du 7e corps, celle du général Conseil-Dumesnil, qui, nous ayant ralliés le 6 au matin, s'établit en arrière de notre 4e division, à l'extrême droite, et combattit toute la journée avec la plus admirable intrépidité. Un de ses régiments, le 21e, perdit beaucoup de monde.

A Freschwiller, nos fantassins avaient mis sac à terre, comme en Afrique, pour être plus légers et pouvoir plus facilement courir sus à l'ennemi. Mais ce qui se fait sans inconvénient en Algérie, devant des Arabes mal armés et tout braves qu'ils sont, est fort dangereux en présence de bonnes troupes européennes. Nos soldats en ont une triste preuve. N'ayant pu reprendre leurs sacs qui contient tous leurs biblots, ils se trouvent sans effets de linge et chaussures. Ils font ainsi 48 kilomètres pour gagner Saverne, sans pouvoir obtenir de l'intendance une distribution régulière, cependant bien nécessaire en ce moment terrible.

Saverne, 7 heures du soir, 7 août. — Toute la journée des troupes débandées, de tous les régiments, déguenillées, sans armes la plupart du temps, arrivent à Saverne. A 6 heures du matin, l'ordre de se préparer à partir pour Phalsbourg ; à 10 heures, contre-ordre; on reste ici jusqu'au soir.

Le bruit court que le maréchal se rend à Strasbourg. Pourquoi faire ? D'ailleurs les routes sont probablement interceptées. Voilà le général Uhrich dans une jolie position. Une place de la plus haute importance, mal armée, approvisionnée Dieu sait comme, et pour garnison un seul régiment d'infanterie! Si on fait le siége, je ne vois pas trop comment il pourra s'en tirer. Son fils, brillant officier, me paraît fort inquiet.

On nous a raconté que pendant la bataille le maréchal a demandé par le télégraphe, à l'empereur, de brûler les bois servant aux Prussiens, et que Sa Majesté avait refusé. Allons, allons, on fait aussi de notre souverain et de notre général des guerriers par trop innocents. Si les Prussiens savent toutes ces histoires, comme ils doivent rire !

On vient de recevoir l'ordre de masser les troupes sur la route de Vasselonne, au sud de Saverne, et de faire faire les sonneries spéciales à chaque régiment, pour rallier les hommes par corps, et tâcher de mettre un peu d'ordre dans tout cela. Ce sera difficile. Nous ne savons ni ce que nous avons perdu de monde, ni ce que nous avons tué à l'ennemi ; mais ce qu'il y a de positif, c'est qu'il faudra du temps pour refaire le 1er corps. Le camp est établi au pied de la côte, face à la pauvre Alsace.

On entend le canon dans la direction de Bouxviller, au nord-est. Serait-ce le 5e corps qui s'engagerait avec l'armée prussienne du prince Fritz ? Il serait, ma foi, bien temps ! Est-ce que nos généraux ont juré de combattre seuls et de ne pas se soutenir les uns les autres ? Chacun d'eux voudrait-il avoir la prétention de gagner une bataille à lui tout seul, pour être fait duc ou maréchal ? Cela en a l'air. C'est égal, nos deux affaires, à nous 1er corps, Wissembourg et Freschwiller, pèseront lourdement peut-être sur l'empereur et sur le général de Failly, mais bien certainement sur le maréchal de Mac-Mahon. On ne jette pas aussi fâcheusement, sans qu'elles puissent se porter secours entre elles, les fractions de ses troupes en face de l'ennemi. Averti, on vient à leur aide, coûte que coûte, et quand on se voit en face d'une armée quadruple, lorsqu'on peut en quelques instants faire une retraite honorable, se retrancher dans des défilés où, avec un dixième des forces de l'ennemi, on est assuré de le combattre avantageusement, on le fait.

On aura beau raconter que l'empereur a ordonné de livrer bataille, je dis, moi, que dans un cas pareil on n'obéit pas.

Les devoirs d'un général en chef ne sont pas ceux d'un simple officier. Il nous était si facile de nous replier sur les Vosges! On eût laissé à l'ennemi la vallée du Rhin, sans doute; mais on lui eût interdit l'accès des montagnes. On eût pu se concentrer avec les

2e et 3e corps, et alors livrer bataille, à forces à peu près égales, au prince de Prusse.

Oh ! mes illusions, mes pauvres illusions, vous tombez une à une. Quelle triste chose ! Je me rappelle, en 1866, d'avoir suivi, étonné, la marche des armées autrichiennes, et de n'avoir pu comprendre que Benedeck n'ait pas défendu les défilés des montagnes de Bohême. Je comprends encore bien moins aujourd'hui notre bataille de Freschwiller. Mais en voilà assez sur ce sujet. J'en radote. Il y a de quoi.

5 *heures du soir.* — Ordre de mettre tout le monde en route pour Phalsbourg. Cette petite place forte n'est qu'à quelques kilomètres au nord-ouest de Saverne. Peut être allons-nous essayer de nous y rallier. Allons, en route. J'arrive, il est près de neuf heures. Quel encombrement partout ! Quel désordre ! Je rencontre encore l'administratif au plus beau cheval tué. Cette fois il est dans une bonne calèche, tout seul. Après cela, c'est bien naturel, puisque son plus beau cheval

a été tué, sous son domestique. Le maréchal est resté à Saverne.

8 *août.* — Le maréchal arrive seul de Saverne à Sarrebourg, brûlant Phalsbourg, et les troupes ont reçu l'ordre le 8 à minuit de partir pour Sarrebourg, distant de Phalsbourg de 14 kilomètres au plus. Sur quel point s'opère la retraite? Probablement sur Lunéville, où sont les 2e et 5e corps, Frossard et de Failly, ces deux vaillants aides de camp de l'empereur, ces maréchaux de l'avenir.

Pourquoi ne viennent-ils pas au moins nous rallier, puisqu'ils n'ont pu nous secourir? Tout cela est incompréhensible; c'est l'aberration des aberrations militaires.

9 *août.* — Je viens d'arriver à Lunéville, il est onze heures du matin, par une pluie battante qui dure depuis hier. Sur toute la route spectacle de plus en plus triste. Artillerie, cavalerie, infanterie, tout est pêle-mêle : les hommes marchent les uns isolément, d'autres par groupes. Ils n'ont pas reçu de vivres. Quelques-uns se livrent à la

maraude, ou plutôt au pillage, dans les villages près de la route. On en voit étendus inertes dans les fossés pleins d'eau, rompus de fatigue et ne voulant plus suivre. Au milieu de cette agglomération de pauvres diables marchant sans effets, sans souliers, on voit circuler lentement, péniblement, quelques voitures de bagages et d'éclopés. C'est navrant. Vraiment nous ne paraissons pas plus habiles pour réparer une défaite imméritée, mais certaine, que pour livrer une bataille impossible. Qui diable nous presse ainsi? L'ennemi ne semble pas du tout nous suivre. Ne pourrait-on facilement en deux ou trois jours se réorganiser dans une place forte comme Phalsbourg? Est-ce que cela ne valait pas mieux que de courir à perpétuité, d'éreinter des hommes qui ont si vaillamment combattu, et d'en arriver à l'indiscipline, qui commence déjà à s'infiltrer parmi nos infortunés fuyards? Comme tout cela est mal dirigé, mon Dieu!

10 *août*. — Le maréchal arrive à Luné-

ville à dix heures du matin ; peu de temps après lui, l'homme au beau cheval tué. Il est en calèche, toujours, non pas le beau cheval, mais lui : administratifs, sous-intendants, intendants, nul n'a pu trouver le moyen d'arriver à l'étape avant la troupe, et de faire préparer des logements et du pain à ces malheureux. Quand donc nos généraux cesseront-ils de faire consister tout le mérite militaire dans la bravoure ? Quand donc chacun voudra-t-il se borner à faire son métier et à ne pas en sortir ? — Les vaches alors seront mieux gardées, comme dit le vieux proverbe. Pendant trois jours nos pauvres troupiers ont patienté ; puis voyant qu'on ne songeait pas à leur faire de distributions régulières, les uns ont mendié, les autres ont volé ; beaucoup, pour s'étourdir, se sont grisés, et la discipline commence à être à l'état de lettre morte : à qui la faute, s'il vous plaît ? Comment, en France, messieurs les administratifs n'ont pu arriver à temps pour faire faire du pain dans les gîtes d'étapes !

Enfin, le maréchal vient de prendre une

double mesure qui pourra sauver la vie à bien des malheureux. Ordre est donné, non plus de bivouaquer, mais de cantonner les débris du 1er corps chez l'habitant, et aux généraux de nourrir leurs troupes eux-mêmes par réquisition au moyen de bons. Quelle honte pour l'administration militaire! Et c'est pour cela que la France entretient, en temps de paix, un corps administratif composé de 264 membres d'intendance *assimilés* du grade de *général* à celui de *capitaine;* de 500 *officiers* d'administration des bureaux de l'intendance; de 325 *officiers* d'administration des hôpitaux; de 325 *officiers* d'administration des subsistances: de 80 *officiers* d'administration de l'habillement et du campement : quelque chose comme 1500 administratifs affublés du titre d'*officier,* le tout pour laisser mourir de faim les hommes, même en France! Voilà ce que me disent d'une part mon vieil annuaire sauvé du naufrage, et d'un autre l'exemple que j'ai sous les yeux.

La troupe est partie pour Bayon à quatre heures du matin, moi seulement à midi. Où nous arrêterons-nous? On me raconte à mon arrivée que la marche a été encore plus pénible et plus navrante que les jours précédents. Pluies diluviennes, vivres incomplets, pas d'effets, pas de tentes, pas de marmites. Nos soldats sont tout sordides de boue, et comme le caractère français ne perd jamais entièrement ses droits, beaucoup trouvent plaisant de s'affubler de tous les costumes, des vêtements les plus impossibles, les plus grotesques. Ils vivotent, ils maraudent! Enfin, leur tenue est telle, que les populations effrayées fuient à leur approche. On serait tenté de demander Mais qui donc commande ici? Le lieutenant Marescalchi, un des officiers d'ordonnance du maréchal, est accosté sur la route par deux zouaves de son régiment qui lui demandent la bourse ou la vie. — Il leur répond en les menaçant de son revolver.

On m'annonce que nous poussons jusqu'à Châlons pour nous reformer. Pour être vrai, je dois dire que si l'indiscipline règne parmi la troupe, le désordre règne dans les états-majors· personne ne commande, aussi personne ne sait ce qu'il doit faire. Un ordre est-il urgent à faire connaître, à porter, on s'inquiète peu de savoir quel est l'officier le premier à marcher ; il est donné au premier qui s'offre, au plus zélé, à celui qui se trouve là ou à celui auquel la mission convient le mieux. Je viens d'apprendre, par hasard, l'heure fixée pour le départ. Habituellement, chaque jour il y a ce qu'on appelle un rapport, tout le monde se rend à la réunion, et en sortant chacun sait ce qu'il a à faire. Depuis la bataille du 6, il n'en a plus été question. J'admire notre logique.

Lorsque je suis arrivé à Strasbourg, à la fin de juillet, il n'y avait que deux divisions à peine organisées, tant bien que mal, sur cinq du 1er corps. En faisant bivouaquer les troupes soit sur le polygone, soit en dehors de la place, on se rendait facilement compte de ce qui leur manquait ; on habituait officiers et soldats à vivre en plein air, et on les façonnait plus facilement au service en campagne.

En faisant loger les hommes chez l'habitant après Freschwiller, on venait en aide à leur manque absolu de tout, à leur misère, on les reconfortait, on leur assurait la nourriture et un abri; et certes, les populations n'eussent pas mieux demandé que d'héberger nos glorieux vaincus.

Qu'a-t-on fait alors? On a logé les troupes chez l'habitant à Strasbourg, et on les a bivouaquées après Freschwiller. De cette façon on a obtenu, chose forcée, précisément l'inverse de ce qu'il eût fallu obtenir.

Si jamais mon journal, tout fabriqué de réflexions faites au jour le jour, que dis-je? au jour, à la minute, voit la lumière, on trouvera que je critique beaucoup; c'est qu'aussi, à l'exception de la bravoure, du dévouement du 1er corps pendant la bataille du 6, je ne vois absolument rien à louer.

12 *août.* — Je pars de Bayon pour Neufchâteau. En passant par Haroué, je trouve le docteur Legouest installé au château du prince de Bauveau. Nous causons un instant,

déplorant l'un et l'autre l'indiscipline qui s'infiltre de plus en plus dans nos rangs. Le docteur me raconte qu'il vient d'entendre un zouave auquel un de ses camarades reprochait les expressions dont il s'était servi pour adresser la parole au maréchal, répondre à ce camarade ces propres mots : « Ah! laisse donc, dans ce moment on peut tout leur dire. Les généraux, c'est un tas de... » nous ne prononcerons pas le mot. J'espère coucher ici et passer une bonne nuit, j'en ai besoin.

13 *août, Vichery.* — Je dormais du plus profond de mon cœur ce matin, lorsqu'à trois heures il a fallu monter à cheval et faire l'étape de Vichery. Un Prussien avait été vu à Nancy, disait-on; je ne crois pas qu'on se soit assuré du fait; mais ce qui est positif, c'est qu'il a fallu se lever et partir. L'ordre était donné. La troupe a eu une rude journée; quelque chose comme 26 kilomètres par une chaleur d'orage, avec vivres insuffisants. Chose assez singulière et fort

heureuse, il n'y a, pour ainsi dire, pas de malades. Voilà qui prouve en faveur de la bonne composition de l'armée, au point de vue de la force physique et du bon choix de recrutement. Mais s'il n'y a pas de malades, il ne manque pas, en compensation, de grognards, ou plutôt de geignards, de murmureux et d'indisciplinés.

14 *août, Neufchâteau.* — Partis à 4 heures du matin, les débris de ce que fut le 1er corps de l'armée du Rhin arrivent à Neufchâteau à 11 heures. Nous sommes absolument sans nouvelles depuis la journée du 6. Nous ne savons ni où se trouve l'ennemi, ni positivement où nous allons nous-mêmes. Quant à la réorganisation du 1er corps, elle est à peu près aussi avancée que le soir de la bataille. Vers 2 heures, on nous annonce que nous allons nous reformer à Châlons, et ce qui n'était qu'un bruit il y a deux jours devient une certitude.

Enfin, nous pourrons donc voir la fin de cette retraite pénible pour les hommes, déplorable pour les officiers, dissolvante pour tous. Deux divisions ont ordre de se rendre à Mourmelon par le chemin de fer. Le maréchal part à 8 heures du soir.

15 *août.* — Quelle jolie fête pour Sa Majesté ! Je me réveille à Joinville, croyant être à Châlons. Il est 6 heures du matin. Il paraît qu'un second Prussien, peut-être celui de Nancy, a été vu à Blesmes; car on m'assure que nous allons nous diriger sur Bar-sur-Aube, par Chaumont.

17 *août. Camp de Châlons.* — C'est le cas de faire ouf! et reouf!! Partis le 15, à 8 heures du soir, pour le camp, nous y arrivons ce matin 17, après deux nuits et un jour. Et pourquoi cette vitesse de train de marchandise en gare? Ah! voici. A Joinville, une dépêche, une dépêche émanée d'un *haut* fonctionnaire public, ni plus ni moins qu'un receveur d'enregistrement, dit que la voie est coupée à Saint-Dizier. Vous croyez qu'on télégraphie à Saint-Dizier pour savoir si la

chose est ou n'est pas. Allons donc! c'est bien plus simple de s'en retourner à Chaumont. Là, on pense à échanger une dépêche, et l'on apprend que la voie n'a jamais été coupée à Saint-Dizier, dont les Prussiens sont encore fort loin. On se décide alors à un autre mouvement en avant. Résumé : une journée perdue parce qu'on s'obstine à ne pas s'éclairer. Un officier envoyé la veille sur la route à parcourir eût évité ces marches, ces contre-marches qui fatiguent la troupe, indisposent les hommes, les font rire et prendre leurs chefs en pitié.

Ah ! dire que pour nous, depuis le commencement de la campagne, il en a toujours été ainsi. Il est temps que cela cesse. Ce serait trop drôle, si cela n'était pas si triste et si dangereux. Heureusement, depuis trois jours, les généraux chargés d'approvisionner leur monde ont pu faire distribuer des vivres et qu'on a cantonné les hommes. Pauvre intendance, êtes-vous assez battue? Seulement cela nous coûte cher à nous autres. Si au moins vous aviez le courage ou la modestie d'avouer votre insuffisance! Mais bah! vienne la paix, et vous trouverez encore à faire croire à votre capacité, sinon dans l'armée, du moins (chose plus intéressante pour vous) dans les administrations.

Il est d'autant plus heureux pour nous d'être enfin au camp, que pendant tout notre fatal mouvement rétrograde de dix à onze jours, nous n'avons pu avoir une seule fois des nouvelles de l'ennemi; ou, si le quartier général en a eu, il les a bien cachées. Et cependant nous étions chez nous, en pleine France, dans des contrées patriotes!...

Mais pas d'espionnage organisé, pas d'officier chargé de cet important service, pas de reconnaissance de cavalerie poussée un peu loin. Ah! si Napoléon Ier a appris aux Prussiens de Frédéric II à faire la guerre, ceux de Guillaume II l'apprendront à Napoléon III, si tant est que notre souverain apprenne jamais, ce dont je doute, le grand art de conduire des armées! Comme nos ennemis entendent mieux la guerre moderne, la guerre actuelle, la guerre faite avec le nouvel armement!...

Des reconnaissances nombreuses, de quelques hommes seulement, poussés à tous les diables, jusqu'à six lieues en avant. Ils risquent de perdre quelques hommes, de faire prendre quelques cavaliers et quelques chevaux; mais qu'importe à l'affaire, au bien général? ils savent ainsi et toujours où est l'ennemi, ce qu'il fait. Tous les officiers ont une bonne carte du pays où l'on opère. Les distances leur sont connues, tandis que nous, nous sommes aussi étrangers qu'étranges dans notre propre pays.

Nous aurions à opérer au milieu du pays des Hurons que nous en saurions autant. Je suis persuadé qu'en Chine on en savait plus long qu'aujourd'hui les états-majors du 1er corps.

Comme je veux que mon journal porte le cachet de la vérité vraie, je dois dire qu'on nous a raconté sérieusement que notre contre-marche du 16 avait eu pour but de préserver, de couvrir notre artillerie. Je ne répondis rien à celui qui me communiqua cette bourde; mais j'observai, dans mon for intérieur, que notre cavalerie était en avant de nous.

Nous avons passé toute la journée du 16 en chemin de fer. Arrivés à dix heures du soir, nous nous berçons de l'illusion si douce que nous arrivons au terme du voyage. Vingt-cinq kilomètres à faire pour toucher à ce bienheureux Mourmelon, objet de tous nos désirs.

Ah! bien oui, il s'agit d'autre chose; nous entrons en gare pour attendre que le train impérial, orné de toutes ses voitures, de ses officiers de service, de bouches, de chambres et autres, que ses bagages, batteries... de cuisine, et *impedimenta,* indispensables, *ejusdem farinæ*, soient arrivés, se soient arrêtés, rafraîchis, aient défilé et soient repartis. Enfin nous atteignons le Mourmelon à six heures du matin.. Sept heures pour nos pauvres vingt-cinq kilomètres; mais devant nous marchait la maison ou plutôt la boutique impériale. Hélas! il n'y avait là ni Henri IV, ni son panache.

Enfin me voilà au camp, respirons un peu.

II

18 août. — Nous commençons à respirer, et, ce qui est plus important, à nous organiser. En regardant autour de moi, je me demande ce que sont devenus les autres corps de l'armée du Rhin, personne ne paraît ne rien savoir. Enfin, de fil en aiguille, comme on dit, j'apprends que le général Frossard, commandant du 2e, a voulu gagner une bataille à lui tout seul, qu'il a refusé le secours de son collègue du 3e corps, et qu'au lieu de ce bâton de maréchal qui leur fait faire à tous tant de sottises, il a reçu du bâton, à Forbach, le même jour que nous à Freschwiller, et de deux; que le 3e, bien commandé par Bazaine, s'est replié sur Metz avec la garde, le 4e, de Ladmirault, et le 6e, celui dont Canrobert a été prendre le commandement en quittant Mourmelon; que Bazaine a pris le commandement en chef, a livré quelques combats sanglants, mais heureux, sur lesquels nous avons peu de détails encore, et qu'il a eu la chance énorme de se débarrasser de l'empereur, de son entourage, de ses ridicules cent-gardes, de ses oisifs valets et de son luxe honteux de voitures, de chevaux de main, de piqueurs, de cuisiniers, etc. C'est nous qui héritons de cette boutique de vieux galons. Décidément, le 1er corps et son chef n'ont pas de chance.

Restent le 5e et le 7e corps, de Failly et Félix Douay. Le premier nous a parfaitement plantés là, le 6 août, et il se replie, m'assure-t-on, sur Châlons. Le second, à ce qu'il paraît, a été pris d'une belle panique, le

7 août, sur l'avis donné par un télégramme du sous-préfet de Schelestadt, que l'ennemi passait le Rhin; il s'est replié, dans le plus beau désordre du monde, sur Belfort, où il continue à respirer, attendant sans doute des ordres.

Quelle cacophonie!... La 1re division de ce corps, celle du général Conseil-Dumesnil, est avec nous. Elle nous a ralliés le 6 au matin, et, comme je crois l'avoir inscrit dans ces notes, a vaillamment combattu avec le 1er corps, à l'extrême droite de notre ordre de bataille, en seconde ligne.

Nous nous battons bien, tant que la démoralisation n'a pas gagné les rangs; mais voilà tout. Nous ne savons pas encore faire la guerre avec les armes nouvelles, voilà le fait. Néanmoins nous venons de recevoir une rude leçon. J'espère que nous allons en profiter, nous reconstituer, et, comme nous avons été plus battus que découragés, nous pouvons croire encore à des succès.

19 *août*. — Je suis fort ennuyé; nous

avons perdu pour quelques jours un de nos bons compagnons d'infortune, le docteur Legouest, parti hier soir pour Paris, pour demander à l'administration de la guerre de nouvelles ambulances. En effet, personnel et matériel, le pauvre médecin en chef a été forcé de tout laisser aux mains de l'ennemi, soit à Wissembourg, soit à Freschwiller.

20 *août*. — Nous avons délogé du camp de Châlons les quelques bataillons de mobiles qu'on y avait envoyés. Il paraît que l'on va distribuer aux débris du 1er corps les sacs et les effets de ces jeunes gens, et les envoyer se ravitailler à Paris. C'est une bonne mesure, et nos hommes ont grand besoin que l'on remonte leur garde-robe réduite à zéro.

Nous avons aussi avec nous le 12e corps, de nouvelle formation, envoyé en partie de Paris, commandé par Pierre, par Paul, par Jean, enfin par Trochu. Ce dernier, nommé gouverneur de la grande ville, le laisse aux mains du général de division Lebrun. Ce 12e corps est, on peut le dire, entre les mains d'un officier brave, expérimenté, il faut lui rendre cette justice, malgré le mal qu'il a fait à la France, étant un des principaux fauteurs de cette guerre aussi tristement préparée que maladroitement conduite. Lebrun, Lebœuf, voilà les deux grands coupables; puis Jarras, qui n'a pas su voir, lire, s'instruire, donner des notions vraies sur l'état des armées prussiennes; puis l'empereur, qui a tout admis sans contrôle. M. Lebrun, qu'un de ses officiers appelait plaisamment un héroïque hanneton, était si pressé de faire la guerre, que depuis Sadowa il tourmente l'Empereur pour qu'on se mette en campagne. Lebœuf, lui, a subi également l'influence de Lebrun et de l'empereur, et n'a pas su, ou pas osé dire, qu'on n'était pas prêt, que nous avions une artillerie inférieure à celle des Prussiens. Il est impossible, en effet, de sortir de ce dilemme : Ou bien le maréchal Lebœuf, ministre et officier général d'artillerie, ne savait rien; ou bien, le sachant, il n'a pas voulu le dire, et alors c'est un courtisan, avec son air de franchise et de rondeur militaire. Car tous les gens sensés, je pense, écarteront, comme je le fais, la sotte supposition de la trahison. Quant à M. Jarras, il n'est pas plus excusable que M. Lebœuf. Il avait à son dépôt de la guerre toutes les notions, tous les rapports des officiers d'état-major sur l'organisation, la force, les effectifs, le matériel, le personnel militaire de la confédération du Nord, et il n'a su ou n'a voulu rien tirer de tous ces documents, dont beaucoup, nous a-t-on assuré, n'avaient pas même été lus au moment de la déclaration de guerre. Ainsi, d'une part, bravoure, patriotisme, mais légèreté impardonnable ; d'une autre, ignorance ou servilisme; d'une autre encore, paresse ou incapacité. Au point de vue militaire, le moins coupable de tous ces personnages sur lesquels retombent lourdement les conséquences de cette guerre est l'empereur. En effet, Sa Majesté, d'une aptitude spéciale parfaitement nulle, était hors d'état de débrouiller le faux du vrai. Son ministre lui disant : *Tout est prêt*, il répétait : Tout est prêt. Je doute qu'eût-il mis le nez dans les états de situation de son armée, dans ceux de l'armée ennemie, il y eût compris quelque chose. A l'empereur, du reste, incombe une bien autre responsabilité. N'a-t-il pas entrepris cette guerre dans un seul et unique intérêt, celui de sa dynastie?

21 *août*. — Le 5e corps nous a ralliés. Il n'a pas combattu et n'a donc pas été entamé. Officiers et soldats ne font pas l'éloge de leur général en chef. On ferait bien de le remplacer par un autre homme moins discrédité. Le général de Failly, cependant, a de beaux états de services. Décidément le numéro 5 est fatal aux corps d'armée. Qui oubliera jamais le 5e de l'armée d'Italie, la 5e roue, le touriste, la tranquillité des familles? etc. Et cependant, en 1859, le ridiculisé 5e corps a rendu de grands services en retenant sur la rive droite du Pô de nombreuses forces autrichiennes. Ah! par exem-

ple, il est indubitable qu'il était drôlement commandé par Son Altesse Impériale le prince Napoléon. A propos de cette illustration militaire, on dit qu'il va s'élancer dans les plaines d'Italie *envoyé en mission*. Il a déclaré à l'Empereur qu'il voulait encore revoir le Pô. J'aime mieux qu'on l'envoie sur le Pô que sur le Rhin : s'il fait des sottises sur le Pô, elles seront moins graves que celles qu'il pourrait faire sur le Rhin. Quel guerrier que ce descendant de Napoléon Ier, dont il a si parfaitement le galbe! C'est le cas de dire que la mine est souvent trompeuse. Je suis curieux de savoir s'il trouvera jamais un panégyriste pour vanter ses vertus militaires en Crimée et en Italie.

22 *août*. — Le 7e corps, moins sa 1re division, que nous avons ramenée de Freschwiller, nous a ralliés. Nous voilà donc autour de Mourmelon et de Châlons avec les 1er, 5e, 7e et 12e corps. Tout cela est aux mains de Mac-Mahon. Je le regrette. Ce brave et chevaleresque officier est bien insuffisant

pour commander, diriger une armée aussi nombreuse. Il est à craindre qu'avec son caractère faible et irrésolu, il ne sacrifie aux velléités guerrières de l'empereur, qui lui-même se laisse facilement aller aux exigences de son fâcheux entourage.

Nos effectifs commencent à être respectables. Le 1er corps reçoit de ses dépôts de nombreux renforts ; il a plus de 35,000 hommes sous les armes ; le 5e en a 30,000. Le 7e en a autant, et le 12e, avec ses trois belles divisions d'infanterie et sa division de cavalerie, a déjà 28,000 combattants. Voilà donc Mac-Mahon à la tête de 120,000 hommes de bonnes troupes, mal commandées, pour la plupart, par leurs généraux en chef, c'est vrai, mais ayant plusieurs excellents divisionnaires et brigadiers.

Qu'allons-nous faire? je l'ignore. Un mystère impénétrable plane sur nos opérations futures. Après cela, il est clair que si, comme on le dit d'une part, Bazaine est bloqué sous Metz ; si, comme on le dit d'une autre part, l'armée du prince Fritz s'avance sur Paris, nous ne pouvons que marcher pour débloquer Bazaine, ou nous rabattre sur la capitale. Quel parti prendrons-nous? Voilà ce que la suite nous dira.

Si j'en crois un officier général venant de Paris, et qui me paraît fort au courant des choses, l'empereur serait d'avis, sur l'opinion du plus grand des tacticiens, stratégistes et généraux civils, M. Thiers, de revenir à Paris avec l'armée de Mac-Mahon, tandis que le ministre comte de Palikao et Trochu veulent qu'on aille avant tout au secours de Bazaine.

L'avis de Mac-Mahon est inconnu. Pauvre maréchal, est-il de force à en avoir un? Son armée prend le nom de *Châlons*, sans doute pour la bien distinguer de celle de Bazaine. Si j'en crois les rumeurs du camp, ce dernier se serait débarrassé un peu brusquement de Sa Majesté et de sa suite. Il n'admet pas autour de lui de pareils *impedimenta*.

Pourquoi le loyal de Mac-Mahon n'a-t-il pas le courage d'en faire autant? Je parlais ainsi à l'officier général avec lequel je causais; il me répondit en souriant : « Savez-vous le propos tenu à cet égard par un homme d'État des plus spirituels ? On disait devant lui que l'empereur devrait quitter l'armée, il s'écria vivement : « Et où diable voulez-vous qu'on le mette ? » Tout cela est fort triste.

Le quartier général est transporté du côté de Reims, à 3 kilomètres de cette ville, à Courcelles, où se trouvent l'empereur et sa maison. Le soir nous voyons arriver le médecin en chef revenant de Paris. Il n'a pu voir que le 20 le directeur de l'administration de la guerre. Il a appris que le personnel de ses ambulances lui revenait par la Belgique, en vertu de la convention internationale, et que ce personnel lui serait envoyé dès le lendemain et dirigé sur le camp de Châlons. Quant au matériel, confisqué.

23 *août.* — Nous partons de Courcelles, nous élevant par le nord-est sur Rethel : donc nous ne marchons pas sur Paris, car alors nous suivrions par trop le chemin des écoliers. Donc nous avons pour objectif la jonc-

tion avec le maréchal Bazaine, sans cela notre mouvement serait complétement illogique. Il faut croire, toutefois, que nous avons bien de l'avance sur l'ennemi, et que l'armée du prince Frédéric-Charles est loin de nous, car nous mettons deux jours de marche pour faire les 33 kilomètres qui séparent Reims de Rethel. Nous traînons toujours avec nous notre boulet d'or, Sa Majesté, son entourage, ses maisons militaire et civile, etc. etc. Comme toujours aussi, tout cet attirail hors de saison nous gêne dans nos mouvements. Les troupes commencent à faire sentir leur mécontentement en accueillant le passage de ces états-majors flambants par des lazzi et de sourds murmures.

24 *août au soir*. — Nous voilà à Rethel. Nous sommes, à ce qu'il paraît, de moins en moins pressés de nous joindre à l'armée sous Metz, puisqu'au lieu de nous avancer à marches forcées, nous parcourons huit lieues en deux jours, et qu'on nous prévient à l'instant que nous faisons séjour demain,

25, à Rethel. Qu'est-ce que tout cela veut dire? Devenons-nous fous? Après cela, n'étant pas dans le secret des dieux, je dois croire que l'on exécute un plan combiné à l'avance et bien arrêté. Peut-être le maréchal Bazaine ne peut-il entrer en opération qu'à un jour donné. Il faut bien supposer quelque chose. Nous n'allons pas sans doute à l'aventure et comme des corneilles qui abattent des noix. Malgré tout, j'ai une vague inquiétude. Je ne sais pourquoi. Il me semble que je serais plus tranquille, si je ne voyais pas toujours au milieu de nous ces voitures, ces piqueurs galonnés et ces éternels cent-gardes. Rien, du reste, ne transpire des projets ultérieurs. Est-il bien sûr au moins qu'il y ait un plan arrêté? Le séjour à Rethel nous *épate* tous.

26 *août*. — Nous nous portons, dans la journée, sur Tourteron, au nord-ouest, vingt-quatre kilomètres au plus. Décidément nous marchons vers la Meuse, et nous nous éloignons de Paris. On dit que nous devons

tourner par le Nord l'armée du roi. Mais depuis notre départ de Reims, si l'on avait marché à peu près convenablement sans même fatiguer les troupes, on serait au delà de Montmédy. Il paraît que les autres corps d'armée convergent par Vouziers et Grand-Pré, sur le Chêne-Populeux et Beaumont.

27 *août.*— Nous partons à trois heures du matin pour le Chêne. Nous y arrivons à six heures, — de Tourteron au Chêne-Populeux, il y a 10 à 12 kilomètres à peine; — nous nous y arrêtons, sur l'avis que l'armée du prince royal, que l'on croyait aux environs de Vouziers, s'est dirigée plus au sud. Vers onze heures nous entendons un grand tralala, ce sont les équipages de l'empereur qui entrent en ville. Sa Majesté est en grand uniforme, dans une calèche fermée, précédée de piqueurs galonnés, suivie de plusieurs voitures où se prélassent les officiers militaires et civils de sa suite; viennent après messieurs les cent-gardes, puis messieurs les gendar-

mes des chasses, puis messieurs les chevaux de main, puis messieurs de la bouche, cuisiniers, maîtres d'hôtels, marmitons, etc. etc. Quel magnifique et imposant defilé! les soldats, crottés jusqu'à l'échine, se dérangent à peine et en maugréant; un silence de mort s'établit soudain, et l'on n'entend plus que le bruit des roues et celui causé par le fer des chevaux. Quelle leçon!...

28 *août.* — Nous devions partir de grand matin du Chêne-Populeux; mais une dépêche du ministre de la guerre arrivée de Paris nous a retenus ici jusqu'à midi. Cette dépêche enjoint formellement au maréchal de Mac-Mahon, commandant en chef de l'armée de Châlons, de tendre la main, coûte que coûte, au maréchal Bazaine. Il paraît qu'à peine notre mouvement sur Rethel commencé, Sa Majesté a prescrit au duc de Magenta d'abandonner la marche de flanc sur Metz, et le mouvement tournant opéré encore à une certaine distance de l'ennemi, pour se rabattre avec son armée sur Paris,

afin de protéger cette ville, menacée par les troupes du prince royal.

Mac-Mahon, avec son caractère indécis, n'ayant osé ni poursuivre sa marche sur la Meuse, devant l'ordre de l'empereur, ni désobéir à celui du ministre de la guerre, a adopté, comme tous les esprits faibles et irrésolus, un *mezzo termine*, celui de télégraphier à Paris pour demander de nouvelles instructions.

Nous avons donc fait séjour à Rethel pour donner le temps à la réponse d'arriver, perdant ainsi vingt-quatre heures, le temps le plus précieux du monde.

La réponse est parvenue ce matin, et tellement impérative, à ce qu'on me dit, que toute incertitude doit disparaître. Pourvu que les heures perdues ne nous perdent pas à notre tour !

L'ennemi est près de nous. Si nous marchons avec rapidité, nous pouvons encore échapper à l'armée du prince royal, tourner ou passer sur le ventre de celle du roi, et opérer la jonction ; mais si nous hésitons, nous allons nous trouver seuls avec nos cent vingt mille hommes, en présence, entourés peut-être même par les deux armées prussiennes réunies, ayant ainsi à lutter contre près de trois cent mille combattants.

Le maréchal de Mac-Mahon vient d'offrir, devant moi, 20,000 francs à deux espions pour porter un billet à Bazaine; ils sont partis. On le prévient que les avant-postes sont aux prises avec quelques cavaliers prussiens. L'ennemi se rapproche donc de nous.

Quelle fatalité ! *Fugit interea, fugit irreparabile tempus.*

Nous arrivons à Stonne à quatre heures du soir, trois lieues (douze kilomètres) dans notre journée!... Toujours même lenteur, c'est désespérant! Et toujours l'empereur dans nos bagages.

Les fourriers de Sa Majesté ont une façon fort commode d'opérer pour faire le logement de la maison impériale. Ils nous laissent partir, déjeunent à leur aise, et quand nous sommes arrivés à l'étape et installés, ils osent, sans plus de gêne, nous prier de céder nos logements à Messieurs de la maison. C'est ce qui vient de m'arriver à Stonne.

J'étais malade, fatigué, couché; j'ai mis le maréchal des logis de Sa Majesté à la porte, lui déclarant que je ne cèderai pas ma chambre. C'est aussi par trop fort; ces messieurs en prennent trop à leur aise. J'espère que leur grand chef ignore cette manière de procéder, et qu'il ne le souffrirait pas, s'il le connaissait.

Mais l'empereur sait-il, a-t-il jamais su quelque chose? On lui cache tout. Il ne permet pas qu'on lui dise rien! C'est l'autruche se mettant la tête sous l'aile pour ne pas voir.

On dit que l'ennemi n'est plus qu'à quelques kilomètres de nous. Il est encore temps, par une marche rapide, de filer devant l'armée du prince Fritz, de franchir la Meuse et de donner la main à Bazaine; ce dernier a au moins cent mille bons soldats. Avec deux cent vingt à deux cent trente mille hommes nous battrons facilement tout ce qui chercherait à nous couper de Paris, et nous sauverons la capitale. Nous n'avons fait que douze kilomètres, et l'on ne nous met pas en route!...

29 *août*. — Il semble que plus le temps presse, plus on semble prendre à plaisir de le perdre. Nous avons fait, du 23 au 29, en six jours, soixante-quatorze kilomètres, un peu moins de vingt lieues!... Oh! quelle lourde responsabilité pour l'empereur et pour le maréchal! Mais ils ont donc perdu le peu de bon sens que la nature a dévolu à tout être humain?... Nous partons pour Raucourt, à huit kilomètres au nord, dans l'après-midi seulement. Et nous nous arrêtons là. C'est désolant. C'est à crier à la trahison, comme bien des soldats semblent n'être pas éloignés de le faire. Nous ne savons si notre marche est dirigée sur Sedan ou sur Carignan.

30 *août*. — Nous partons pour Carignan, à seize kilomètres de Raucourt, et à distance à peu près égale de Stonne. C'est-à-dire que

nous avons encore perdu un jour en ne marchant pas directement de Stonne sur Carignan. Le canon se fait entendre pendant que nous sommes en route. On pense que c'est vers Raucourt, que nous avons quitté il y a une heure. Donc l'ennemi nous talonne. Le soir, à Carignan, une fatale nouvelle nous arrive. Nous apprenons que ce malheureux et archi-coupable général de Failly s'est encore une fois laissé surprendre à Beaumont. Son 5e corps avait mission de couvrir le passage de la Meuse à Mouzon par le reste de l'armée, et, au lieu de veiller, il a fait tout ce qu'il fallait pour laisser écraser ses divisions. Les soldats l'accusent hautement de trahison. Je le comprends. Mais aussi à qui la faute, si ce n'est à l'empereur et au maréchal? M. de Failly, qui, on ne sait pourquoi, a abandonné le 1er corps à Freschwiller lorsqu'il pouvait le soutenir, et changer peut-être un désastre en victoire; M. de Failly, qui a fait une retraite honteuse de Bitche sur Châlons, abandonnant les bagages de ses troupes et conservant les siens, perdant, éparpillant sa cavalerie sans brûler une amorce avec l'ennemi; M. de Failly, dont les soldats ont pillé les approvisionnements de l'armée et les bagages de l'empereur dans une gare; M. de Failly, auquel le conseil des ministres a enlevé son commandement pour le donner au général de Wimpffen, appelé d'Oran; M. de Failly, en exécration dans son corps d'armée, chansonné, ridiculisé, est encore à la tête de ses troupes, maintenu dans son commandement par l'empereur, sans que le vrai général en chef de l'armée de Châlons, M. de Mac-Mahon, ait osé le lui enlever!... Oh! ces deux hommes, Napoléon III et le duc de Magenta, tueront la France.

Il paraît que le général de Failly, prévenu de l'approche des Prussiens, s'est mis à rire, et a continué paisiblement à déjeuner. Au lieu d'occuper les hauteurs de Beaumont, il a fait bivouaquer son monde dans un fond, et une partie de son infanterie avait démonté ses armes! Les pertes du 5ᵉ corps sont relativement peu considérables; mais il y a eu un sauve qui peut. Le général de Wimpffen, parti de Paris le 29 pour Charleville, est arrivé le 30 à Beaumont, un peu après la panique du 5e corps. Le 12e corps avait suivi le mouvement du 5e. Malgré sa fatigue et celle de ses chevaux, le brave de Wimpffen se porta au milieu des fuyards, leur reprochant d'avoir peur de projectiles qui ne pouvaient les atteindre. Il courut ensuite presser la marche du convoi, dont les voitures s'entassaient sur une seule route. Il parvint enfin à réunir autour de lui deux mille hommes environ. Le 1er corps a occupé quelque temps, pendant cette journée, les hauteurs au-dessus de Mouzon, belles positions que l'on pouvait défendre en ralliant les 5e et 12e corps; mais l'être fatal qui nous poursuit depuis le premier jour de cette guerre, l'empereur, vient encore de nous faire perdre cet avantage. Il file sur Sedan avec sa maison ; et le maréchal, malgré les observations qui lui sont faites par ses officiers, par plusieurs généraux, s'obstine à quitter Mouzon pour suivre Sa Majesté. Oh! les princes qui ne sont pas généraux et qui veulent l'être à tout prix, aussi bien que les souverains qui suivent les armées sans les commander, sont les plus terribles obstacles aux opérations militaires. Ce sont des fléaux. Le maréchal va, vient, et paraît ne savoir où donner de la tête. Le canon retentit et se rapproche.

31 *août*. Après avoir marché toute la nuit, nous arrivons à sept heures du matin à Sedan, ayant fait six à sept lieues. Nous trouvons toutes les portes de la forteresse encombrées de voitures de toute espèce : voitures de blessés, de bagages, d'artillerie. Au milieu de tout cela des fantassins, des canonniers, des cavaliers, des cantiniers. Quel désordre, ou plutôt quel gâchis ! Impossible de se frayer un chemin à travers tout cela, et ce n'est pas sans une peine extrême que nous atteignons la citadelle. Sedan est un vrai pot de chambre dominé de toute part : au nord, du côté des Ardennes, par les hauteurs de Illy, de Floing et de Givonne ; à l'est, par celles de Daigny et de Bazeilles sur

la rive droite de la Meuse; au sud, par celles de Wadelincourt et de Frénois, sur la rive gauche de la rivière; à l'ouest, par Vrigne, à une distance un peu moins rapprochée. Comme toutes les places fortes du nord-est et les autres, Sedan n'a pas reçu son armement, et encore moins son approvisionnement, avant la déclaration de guerre. Il en résulte que, dominée et en mauvais état de défense, elle peut être prise ou brûlée rien qu'avec de l'artillerie de campagne. Oh! l'imprudence, l'impéritie, la sottise ont été poussées jusqu'à la dernière limite du croyable. Le maréchal, dans sa conférence avec le commandant de place, un lieutenant-colonel, apprend tout cela. Il remonte à cheval. Nous devons croire que nous nous portons au-devant de l'ennemi; que l'on va prendre des positions en avant de la ville, soit que l'on veuille percer sur Mézières, soit que l'on veuille se jeter sur Montmédy, et continuer le mouvement vers Bazaine. Il en est temps encore, nous avons trois ou quatre heures d'avance sur l'ennemi. Une marche résolue vers le sud-est, en laissant dans la forteresse nos blessés, nos *impedimenta*, l'empereur surtout, ou du moins sa maison, et tout peut être sauvé. Nous échappons à la concentration prête à s'effectuer des deux grandes armées allemandes. Pour moi, je ne doute pas que le maréchal ne nous mène au combat. Erreur, il nous mène à l'hôtel de la Croix-d'Or, et nous mettons pied à terre à la porte pour déjeuner. Pendant ce repas, émaillé de conversations à voix basses, dominées par le bruit du canon, le mouvement tournant des Prussiens s'effectue de façon à nous barrer toutes les issues. Le lieutenant d'état-major Ubrich, nommé capitaine, essaye de dire quelques mots sur la nécessité d'occuper les hauteurs de Bazeilles. On ne l'écoute même pas. Au même instant le commandant de place fait dire au maréchal qu'il croit que des batteries prussiennes s'établissent sur les hauteurs de Bazeilles, qui dominent le village de Balan, la porte de ce nom au sud, la route de Carignan et le cours de la Meuse. Le maréchal répond *que c'est notre propre artillerie qui couronne ces positions*, et, sans plus se préoccuper de ce qu'on lui dit, du canon qui gronde, il continue à déjeuner tranquillement. Il finit par se raviser, et par donner l'ordre à un officier d'aller voir de quoi il s'agit. La veille, à neuf heures du soir, l'ordre de la retraite sur Sedan avait été donné aux 5ᵉ et 12ᵉ corps. Quel triste spectacle, quel désordre ! me dit un de mes camarades, témoin oculaire. Tous les hommes de toutes les armes marchaient pêle-mêle, confondus, n'écoutant rien, entrant dans tous les cabarets, sans se préoccuper d'être pris par les Allemands. Arrivé sous la ville, le général de Wimpffen cherche à reconstituer son 5ᵉ corps.

Il se rend auprès du maréchal pour réclamer le commandement de ce corps, conservé si maladroitement au général de Failly. Il visite ensuite les bivouacs de ses troupes, leur adresse des paroles chaleureuses, prend quelques mesures énergiques pour assurer la distribution des vivres, et finit par leur remonter le moral. Le feu commence à onze heures. Il est assez vif jusqu'à deux heures, et se ralentit peu après. Je sors de Sedan pour porter un ordre. J'en profite pour examiner nos positions. Je trouve notre situation des plus graves. Il est clair, pour moi, que nous allons être bloqués ici comme Bazaine sous Metz. Nous me paraissons flambés, et je crains que la campagne ne touche à son terme. Notre armée, selon moi, est brave, vieille, mal commandée, et en présence d'une armée moins brillante de courage peut-être, mais beaucoup plus jeune, mieux commandée, et admirablement *disciplinée*. Je rentre à Sedan, l'empereur s'y trouve avec son arrogante maison. Lui, fait pitié à voir; mais son entourage excite la colère, la haine générale, dans un moment bien inopportun. Vers quatre heures de l'après-midi, le feu se ralentit sur tous les points, et finit par s'éteindre. Le maréchal peut se convaincre par lui-même que l'ennemi cherche à nous entourer. Allons-nous donc rester tranquillement dans notre souricière pendant toute la nuit, lorsqu'il serait possible encore de nous échapper? Mon Dieu! quelle inertie et quelle ineptie! On me conte qu'il y a eu hier une panique à Mézières, et qu'on en a fait partir à la hâte le prince impérial. Pourquoi faut-il que nous n'ayons pas la même chance avec l'empereur? Le jeune prince nous a quittés à Reims.

1er *septembre*. Sedan. — Le canon prussien retentit de grand matin. Je reçois l'ordre de sortir de la ville, et de parcourir rapidement les positions que nous occupons, pour en rendre compte. Je cours au centre, vers le bois de la Garenne, au-dessus du point dit le Grand-Camp, où se trouve une brigade du 5e corps, avec avant-postes et grand'gardes. Le général de Wimpffen, qui a pris le commandement de ce corps, a bivouaqué la nuit avec les troupes et a su les surexciter, est reçu sur toute sa ligne par le cri de : «Vive le général! » L'armée française, forte d'une centaine de mille hommes, est placée sur une vaste demi-circonférence, du nord-ouest au sud-est de Sedan, sur la rive droite, et adossée à la Meuse. A la droite, au sud-est, le 12e corps (général Lebrun), sur les hauteurs de Bazeilles, aboutissant à la rivière, et tenant la route de Carignan, par laquelle nous sommes arrivés à Sedan. C'est ce corps qui, dans la journée du 31, a soutenu un combat d'artillerie pour empêcher l'ennemi de s'emparer de la queue d'un convoi. A la gauche du 12e corps, le 1er (ancien Mac-Mahon, devenu Ducrot), sur les hauteurs de la Moncelle, de Daigny et de Givonne, formant avec le 5e corps le centre de notre ordre de bataille, et tenant la route de la Belgique sur Bouillon. A la droite du 1er corps, le 5e (général de Wimpffen, le plus ancien de tous les divisionnaires de l'armée de Châlons), occupant par une brigade le bois de la Garenne, et, avec le reste de son corps, le vieux camp; se reliant par sa gauche avec la droite du 7e corps (Félix Douay), celui-ci en position du bois de la Garenne au calvaire d'Illy, sur les hauteurs qui dominent Sedan et la Meuse au nord. Pendant la nuit, et tandis que nous restons maladroitement à Sedan, au lieu de profiter de ce que nous pouvons encore échapper facilement à l'ennemi par Carignan, par Bouillon, par Mézières, pendant cette nuit fatale du 31 août au 1er septembre, l'ennemi a marché rapidement. L'armée du prince royal de Saxe a eu ordre de nous couper la route de Bouillon à l'est, et s'est avancée dans la direction indiquée, formant l'aile droite des armées ennemies réunies ou prêtes à se réunir. La garde est en avant de Carignan (rive droite de la Chiers); le 12e corps, à Maisy, route de Mouzon à Sedan par la Meuse et Douzy; le 4e corps occupe la rive gauche de la Meuse, se reliant au 12e ennemi. La troisième armée, celle du prince royal, continue sa marche en avant, pour opérer contre notre flanc droit et notre front, de façon à nous resserrer entre la Meuse et la frontière belge. Le 1er corps bavarois est à Remilly, sur la rive gauche de la Meuse, non loin du confluent de cette rivière avec la Chiers, se reliant par sa droite avec le 4e corps (armée du prince de Saxe) ; le 2e bavarois est au-dessous, à Raucourt ; le 5e, à Chéhery, route directe du Chêne-Populeux à Sedan ; le 11e, à Donchery, où il passe la Meuse pour nous couper la retraite sur Mézières, dont il occupe la route et le chemin de fer ; la division wurtembergeoise est à Boutancourt, plus à l'ouest ; le 6e est en route sur Semny, à marche forcée, à vingt-deux kilomètres en arrière du centre des autres corps de l'armée du prince royal, prêt à se jeter encore plus à l'ouest si nous essayons, par une opération de nuit, de nous porter sur Mézières. La division wurtembergeoise de cette troisième armée jette un pont pendant la nuit à Dom-le-Mesnil, et passe la Meuse ; le 11e en a jeté deux à Donchery, et se trouve au point du jour sur la rive droite. Avec nos quatre corps, nous avons donc à lutter, dès le matin de la bataille, contre *huit* corps ennemis et plusieurs divisions détachées. C'est-à-dire que nous avons en face de nous des forces triples des nôtres. Je rentre dans Sedan pour rendre compte de ce que j'ai vu. A ce moment l'affaire est engagée sur la droite et au centre. Il est sept heures et demie. Un de mes camarades m'apprend que le maréchal, grièvement blessé, vient d'être rapporté, et que l'on cherche le docteur Legouest. Ce dernier vient de monter à cheval pour visiter ses ambulances. Prévenu, il est accouru, et je le trouve auprès du duc de Magenta. Le maréchal a une large plaie béante et déchirée au beau milieu de la fesse gauche. Le docteur se met en devoir d'enlever le projectile, logé encore dans la plaie, et très-profondément entré. L'opération, lestement faite par un des plus habiles praticiens de l'armée, amène l'extraction d'une grosse capsule en plomb irrégulièrement déchirée et fendue, analogue aux capsules qui coiffent les bouteilles d'eaux minérales. Ces capsules de plomb recouvrent les obus de l'artillerie allemande, et, maintenant le projectile dans les rainures intérieures de l'âme de la pièce, lui donnent plus de fixité, de précision et de portée. Le maréchal supporte très-bien l'opération. Je cherche l'officier général qui a dû prendre le commandement en chef. Ce commandement est acquis au général de Wimpffen, non-seulement le plus ancien des commandants de corps d'armée, mais aussi de tous les divisionnaires de l'armée. J'apprends néanmoins que le maréchal, en se retirant, a donné le commandement en chef au général Ducrot, du 1er corps, près duquel, sans doute, il se trouvait lorsqu'il a été atteint.

La bataille continue. Elle a commencé vers Bazeilles, à cinq heures du matin. Le général Lebrun, le premier engagé contre le 1er corps bavarois, a lutté avec avantage, et tient ferme. Pendant que le combat se soutient à notre aile droite, le 11e corps prussien prolonge son mouvement sur notre aile gauche, s'élevant au nord de Donchery sur Vrigne-au-Bois, dont il s'empare, occupant et interceptant la grande route de Sedan à Mézières. Ainsi donc, dès les premiers moments de l'action, toute retraite sur cette ville nous est interdite, à moins de se faire jour de vive force. On peut s'échapper encore par la route de Bouillon, qui n'est pas au pouvoir de l'ennemi, ou par celle de Carignan, en profitant du succès sur Bazeilles du 12e corps. Le général Ducrot ne juge pas ainsi les choses, et il ordonne tout à coup un mouvement sur Illy, à notre extrême gauche, sans doute dans l'espérance de gagner la ligne de retraite de Mézières. Le 1er corps commence à quitter ses positions de la Moncelle et de Daigny, sur lesquelles se portent aussitôt le 11e corps de l'armée du prince de Saxe et la garde royale. Il est près de dix heures. Le général de Wimpffen, qui a laissé jusqu'alors le commandement en chef au général Ducrot, n'approuvant pas le mouvement sur Illy, parce qu'il a reconnu que sur notre gauche la retraite est coupée, réclame le commandement, comme c'est son droit, et prescrit au général Ducrot de reprendre ses positions. La garde royale prolonge son mouvement tournant par le nord, sur Fleigneux, au delà d'Illy, pour couper la route de Bouillon, et donner la main à l'extrême gauche de l'armée du prince royal.

Vers une heure le 7e corps (Douay), écrasé par l'artillerie ennemie, dont les batteries foudroient les bois de la Garenne et sa position, fait prévenir le général de Wimpffen qu'il ne peut tenir s'il ne reçoit pas de renforts. Le général en chef s'y porte, et le fait soutenir; mais il s'aperçoit bientôt qu'il n'y a plus qu'une chance de salut, c'est de profiter de ce que le 12e corps, à la droite, tient toujours avec la plus héroïque énergie, pour se jeter de ce côté, et s'ouvrir de vive force un passage sanglant sur Carignan. C'est le seul moyen, non pas de réparer les fautes grossières faites depuis notre départ de Reims, mais de sauver peut-être ce qui reste de l'armée de Châlons. Des ordres sont donnés en conséquence.

Il est une heure de l'après-midi. A notre aile gauche, le 7e corps, après avoir vaillamment défendu la ligne du ruisseau de Saint-Mengès, a été obligé de se replier sur les fortes positions entre Floing et Illy. L'artillerie bavaroise, qui s'est postée sur la rive gauche de la Meuse, vers Fresnois, le couvre de projectiles sur ses derrières, tandis que celle de la garde royale le canonne de front. Les routes de Mézières et de Bouillon sont aux mains de l'ennemi; le 5e corps s'est replié dans le Grand-Camp. Au nord de Sedan, le 1er est sur le point de céder au nombre; seul le 12e tient ferme encore.

Le général de Wimpffen, se rendant bien compte de la situation, prend son parti.

Il écrit à l'empereur, enfermé dans Sedan, une lettre pressante pour le conjurer de se rendre au milieu de ses troupes, l'assurant que ses soldats tiendront à honneur de lui ouvrir le passage sur Carignan. C'est, de la part du commandant en chef, un éclair de génie. Sans doute une partie de l'armée restera sur le champ de bataille; mais l'autre passera. Cela vaut encore mieux que de se laisser prendre dans la souricière de Sedan.

Le général attend de minute en minute, avec une impatience fébrile, la réponse ou plutôt l'arrivée de l'empereur; car il ne doute pas qu'un prince qui a si souvent donné des preuves de son courage personnel ne soit fier de se frayer un passage l'épée à la main à la tête de ses troupes, ou de mourir glorieusement au milieu d'elles sur le champ de bataille.

En attendant, de Wimpffen dirige sur le 12ᵉ corps tout ce que les 1ᵉʳ et 5ᵉ corps ont de disponible, et il fait dire au 7ᵉ de faire l'arrière-garde en défendant le plateau, et de rallier ensuite le 12ᵉ corps.

Le 7ᵉ corps est forcé de céder devant des forces trop supérieures; les troupes qui le composent et celles du 5ᵉ, au lieu de suivre le mouvement des 12ᵉ et 1ᵉʳ corps, en passant entre le Grand-Camp et les bois de la Garenne, viennent se ranger sous le canon de la citadelle et de la place, dont les portes sont restées ouvertes.

Le général en chef, à la tête de son état-major, marche sur les traces du 12ᵉ corps par la route de Givonne, prend un chemin à droite pour éviter les clôtures qui entravent son mouvement, et arrive à la porte de Balan.

Il est quatre heures. Un officier de l'empereur remet au général une lettre du souverain lui prescrivant de se rendre auprès du général de Moltke pour traiter d'une capitulation, attendu qu'il a fait arborer sur la ville le drapeau parlementaire.

Quoi! sans en prévenir le malheureux de Wimpffen! sans même s'enquérir de la situation des choses! Oh! c'est de la plus insigne lâcheté ou de la dernière folie!

Wimpffen, stupéfait, pleurant de rage, refuse net de se conformer à l'injonction impériale. — Il rentre dans Sedan, appelle à lui tout ce qui veut seconder ses efforts, rallie 2,000 hommes de toutes armes, dont quelques gardes nationaux et des mobiles. Un capitaine, M. d'Olognes, arrache le drapeau parlementaire des mains d'un sous-officier, et le foule aux pieds. — A la tête de cette poignée de braves gens, il s'élance, reprend le village de Balan; mais n'étant pas soutenu, se voyant seul avec le 12e corps, puisque les autres troupes se sont engouffrées sans discernement dans Sedan, en voyant flotter le drapeau parlementaire, il rentre en ville avec ce qui lui reste de soldats et envoie sa démission à l'empereur. — Ce dernier la refuse et lui écrit une lettre pour le supplier de conserver le commandement. — Le général de Wimpffen se décide à se dévouer pour le salut de tous. — Il impose silence à quelques généraux qui déblatèrent contre lui, et dont plusieurs n'ont pas eu le courage de guider leurs troupes au combat. — Puis il fait demander ce qui reste de munitions de guerre et de bouche. — Il apprend avec stupeur que, dès les premiers coups de canon, le matin, avant même que le chemin de fer fût coupé, le convoi a rétrogradé sur Mézières ; qu'il ne reste plus de cartouches et seulement pour un jour de vivres. — Le maréchal, la veille, ne lui a donné aucun renseignement sur rien, ni sur les ressources de l'armée, ni sur les opérations à effectuer. — Incurie, stupidité, aberration dans les rangs élevés. Courage et abnégation dans les rangs moyens ; courage suivi d'indiscipline dans les hommes de troupes lorsqu'ils se voient mal guidés, sans nourriture, sans distribution d'aucune espèce. — Toujours les mêmes fautes grossières, les mêmes sottises!...

Le général de Wimpffen, cédant à de nouvelles sollicitations de l'empereur, vient de déclarer qu'il aura la force de supporter jusqu'au bout le poids que la fatalité a placé sur ses épaules. Il part pour le quartier général du comte de Moltke. La ville est encombrée de voitures, de chevaux, de troupes de toutes armes; tout cela remue ou plutôt cherche à remuer, et grouille; un œuf ne tomberait pas à terre. Beaucoup de monde essaie de sortir de la ville. Ce serait peut-être le cas de filer... Non, décidément, attendons les événements. Quelle journée! J'ai heureusement échappé aux balles et aux obus. Il me reste encore un biscuit, et un peu d'eau-de-vie dans ma gourde; je ne suis pas des plus maltraités par le sort; à demain. L'armée prussienne, ou plutôt les deux, celle du prince de Saxe et celle du prince de Prusse, nous entourent complétement; toutes les issues sont fermées, toutes les routes interceptées. Nous voyons les batteries ennemies couronnant les hauteurs à demi-portée de canon. On dit qu'une troisième armée, forte de 80,000 hommes, arrive en renfort à l'ennemi. Quel désastre épouvantable!...

2 *Septembre*. Sedan. —Je ne puis pas dire quel réveil ! car, n'ayant pu fermer les yeux, je n'ai pas eu la peine de me réveiller. Au point du jour, notre malheureux général en chef rassemble un conseil de guerre composé des généraux de division. Il met sous les yeux de tous, sans aucune restriction, la situation vraie de l'armée. A l'unanimité, le conseil émet l'avis qu'il n'y a pas moyen de faire autrement que de traiter. Le général se rend donc au quartier du comte de Moltke, et... La plume se refuse à tracer ce mot, affreux pour un soldat, de capitulation. — Le plus à plaindre de nous tous et le plus courageux dans cette épouvantable circonstance, est encore notre infortuné général. — Arrivé toujours courant d'Afrique, appelé pour remplacer l'inepte de Failly, il débarque à Mar-

seille le samedi 27 août, passe la journée du dimanche 28 avec le ministre de la guerre, qui le presse de rejoindre l'armée et le maréchal de Mac-Mahon, afin de peser sur les déterminations de ce dernier, et de l'engager à ne pas différer le mouvement pour délivrer Bazaine. — Il quitte Paris le lundi matin 29, rejoint l'armée le mardi 30, au moment où le 5e corps, celui qu'il est appelé à commander, pris de panique par la faute de son ancien général, fuit de toute part. Il parvient à rallier quelques hommes, bivouaque sous Sedan, en plein air, sans tente, sans abri, perd ses chevaux et ses bagages; ne peut obtenir du maréchal aucune indication sur l'armée, sur les opérations, sur les projets ultérieurs. — Le surlendemain, il faut qu'il endosse les fautes militaires du maréchal, qu'il soit victime de la couardise du souverain, sans avoir eu le temps de réparer les erreurs de son chevaleresque mais maladroit prédécesseur dans le commandement en chef de l'armée, sans avoir pu parvenir à exciter la fibre courageuse d'un prince qui semble, comme on le dit depuis quelque temps, ramolli par les jouissances du luxe et perdu à tout jamais.

Et c'est ce malheureux homme, cet infortuné général arrivant d'Afrique encore couvert des lauriers d'une des plus belles, des plus glorieuses expéditions faites dans le Sud, au fond du désert, c'est cet infortuné qui doit apposer son nom au bas d'un acte qui lui sera toujours reproché par les gens superficiels (et c'est la majorité).—Ceux qui, au contraire, voudront bien réfléchir, comprendront ce qu'il a fallu d'abnégation, de courage moral au brave général pour revendiquer le commandement, alors qu'il avait été donné à un autre, et alors qu'il n'y avait plus aucune chance de victoire pour l'armée, alors que ce qu'il pouvait espérer de mieux, de plus heureux, était de s'ouvrir un passage sanglant ou de mourir glorieusement à la tête de ses troupes.— Ceux-là comprendront et son désespoir de n'avoir pu amener l'empereur dans les rangs de ses troupes, et de n'avoir pu même maintenir sa démission de commandant en chef, alors qu'il fallait, par un dernier sacrifice, arracher 45,000 hommes à une mort certaine. — Oui, je le plains de tout mon cœur notre malheureux général; car de nous tous il est bien le plus à plaindre et le moins à blâmer.

L'empereur part à six heures du matin pour se rendre au quartier général du roi de Prusse. Sa maison le suit à une demi-heure de distance. A midi, le bruit de la convention qui fait l'armée prisonnière se répand. Cette convention est diversement acceptée. La consternation est générale. Quelques officiers, en très-petit nombre, pensent que l'on peut faire une pointe et passer de vive force. La grande majorité, ceux qui voient et qui raisonnent reconnaissent qu'il est impossible de ne pas se soumettre à la destinée et aux habiles dispositions de l'ennemi.

Jadis, en effet, avant les nouvelles armes à tir rapide, à longue portée et de précision, la baïonnette, la lance, le sabre, l'arme blanche, en un mot, aux mains d'hommes résolus et braves, pouvaient faire merveille et sauver d'une capitulation. Aujourd'hui, que faire sans munitions de guerre, en présence d'adversaires disposant de cartouches et d'une artillerie qui vous écrasera en quelques minutes, avant que vous ayez pu le joindre et vous servir de vos armes ?...

Quel cruel malheur que celui d'avoir eu affaire à des chefs qui n'ont jamais voulu comprendre qu'avec les armes nouvelles, toutes les anciennes conditions de guerre étaient changées !...

La ville est encombrée de voitures, de chevaux, de soldats. Quelques obus au milieu de tout cela; une ou deux maisons incendiées. et tout ce monde est englouti dans la fournaise, écrasé, tué, sans que rien puisse changer la destinée de plus de quarante mille malheureux, voués à une mort inévitable et affreuse.

3 *Septembre*. — La ville est évacuée par ordre de l'ennemi; mais l'opération est lente. Le commandant de la place prussien fait prévenir que si, à quatre heures, il reste

encore un soldat français à l'intérieur, il fera entrer un bataillon, baïonnette croisée, par une porte et sortir par l'autre. Singulière façon, et peu généreuse de reconnaître la valeur d'une armée comme la nôtre. Ce n'est pas ainsi qu'agissent les Français.

La menace fait hâter un peu l'évacuation; à cinq heures cependant il reste encore à Sedan quelques flâneurs. Je fais mes adieux au docteur Legouest, qui a reçu de l'autorité prussienne l'injonction de rester en ville, jusqu'à ce que les hôpitaux, les ambulances et le service médical soient hors de la place.

Le bruit se répand que la République a été proclamée à Paris, avec MM. Thiers, Trochu et Gambetta, pour gouvernement provisoire, et que l'armée de Sedan a été déclarée traître à la patrie. Faites-vous donc rompre les os?

La soirée se passe en on-dit et en bavardages. Les uns parlent de donner leur démission, les autres de prendre leur retraite. Quelques-uns, cherchant à tirer avant tout leur épingle du jeu dans cette affreuse catastrophe, croient pouvoir accepter de rentrer chez eux, sous la condition de ne pas porter les armes pendant la campagne. Je ne les blâme pas, mais je ne les approuve pas non plus, et pour mon compte je ne crois pas pouvoir me dispenser, quelque regret que j'aie de quitter mon pays et les miens, de suivre mes compagnons d'armes.

Adieu donc, ô ma France chérie! Quand, comment, dans quel état te reverrai-je!... (1)

Nous faisons suivre le Journal d'un officier du 1er corps :

1° Du rapport officiel envoyé au ministre de la guerre par le général de Wimpffen; il est daté du 5 septembre, et écrit d'un petit village de Belgique nommé Fays-les-Veneurs, où se trouvait le général se rendant à Stuttgard, lieu de sa captivité. Ce rapport du général sur la bataille et sur la capitulation

(1) Cette première partie du volume a paru dans le *Moniteur universel*.

qui l'a suivie, n'a pas été publié officiellement, sans doute, par suite du changement de gouvernement ayant entraîné le changement de ministère. Adressé au comte de Palikao, il a dû arriver au général Le Flô. Un double nous a été communiqué par un ami du général de Wimpffen, qui l'avait reçu directement du général par un officier des éclaireurs parisiens combattant et échappé de Sedan.

2° De la traduction française de la relation officielle allemande sur la bataille du 1er, précédée de quelques mots sur la position des armées ennemies le 31 août, veille de la bataille, et d'un plan.

3° D'une note relative au commandement en chef du général de Wimpffen.

4° De plusieurs lettres d'officiers généraux et autres prisonniers, lettres qui nous ont paru de nature à offrir un vif intérêt.

5° De considérations sur la guerre actuelle, dans lesquelles on cherche à apprécier les causes principales de nos désastres.

BATAILLE DE SEDAN

Rapport du général de Wimpffen.

Monsieur le Ministre,

J'ai l'honneur d'adresser ci-joint à Votre Excellence mon rapport sur la journée du 1er septembre, dans laquelle j'ai pris le commandement de l'armée de Châlons, vers neuf heures du matin, par suite de la blessure reçue par le maréchal de Mac-Mahon.

Le 31 août, j'avais visité dans leurs emplacements les troupes du 5e corps d'armée, qui venait d'être placé sous mes ordres. Elles occupaient l'ancien camp retranché, la ville et les hauteurs qui dominent au sud-est le fond de Givonne.

Le 12e corps occupait la Moncelle, la Platinerie, la Petite-Moncelle.

Le 1er corps s'étendait de la Petite-Moncelle à Givonne, tenant Daigny.

Le 7e corps, au nord-est de la ville, campait depuis Floing jusqu'au Calvaire-d'Illy.

Toutes ces troupes étaient arrivées pendant la nuit du 30 au 31 août ou dans la matinée. Pendant ma visite au camp, je constatai que de nombreuses colonnes ennemies venaient couronner de leur artillerie les hauteurs qui, de Rémilly à Wadelincourt, bordent la rive gauche de la Meuse, attaquaient vivement et coupaient notre convoi qui défilait sur la route de Carignan à Sedan, rive droite de la Meuse.

Cette forte canonnade donnait lieu de croire que l'ennemi voulait détourner notre attention de la route de Mézières pour opérer de ce côté un mouvement tournant. En conséquence, afin de fermer solidement la trouée qui existait entre le 1er et le 7e corps, d'Illy à Givonne, je portai dans cette direction la brigade de Fontanges, de la division de Lespart, laissant la brigade Abbatucci de la même division dans le Grand-Camp avec l'artillerie de réserve en batterie. En même temps je fis sortir de la ville l'unique brigade de la division de l'Abbadie, et la portai à Casal, pour servir de réserve au 7e corps, et le relier au 5e.

Le 1er septembre, au point du jour, l'ennemi commença son attaque sur le 12e corps et la prolongea successivement sur la droite vers le 1er corps. A sept heures, le maréchal de Mac-Mahon, ayant été blessé, remit le commandement au général Ducrot. Je n'en fus informé qu'environ une heure après, et alors que cet officier général avait déjà donné certains ordres aux commandants de corps d'armée; je crus devoir laisser exécuter ces ordres. Toutefois, vers neuf heures, voyant la gauche du 1er corps opérer un mouvement de retraite assez prononcé, et se diriger sur le milieu du bois de la Garenne, je me décidai à faire usage de la lettre de commandement que Votre Excellence m'avait remise. Le général Ducrot me déclarait que son intention était de se retirer sur Illy; mais ses bataillons, au lieu de suivre cette direction, exécutaient un changement de front en arrière, sur l'aile droite, et se rapprochaient de l'ancien camp.

Le mouvement projeté me semblait fort dangereux par divers motifs :

1° La route était difficile à suivre pour plusieurs corps d'armée.

2° Il fallait parcourir au moins six kilomètres, espace fort long pour des troupes déjà fatiguées par cinq heures de lutte.

3° Enfin, on devait s'attendre à ce que l'ennemi, qui était en force et qui prévoyait ce mouvement, se jetât sur elles avec d'autant plus d'ardeur qu'il savait les refouler en arrière sur des troupes nombreuses ayant pris position pour barrer le passage.

J'ordonnai en conséquence au général Ducrot de reprendre ses premières positions, et je renforçai sa gauche de la brigade Saurin du 5ᵉ corps, bien qu'il regardât ce secours comme inutile.

Je me portai alors au centre du 7ᵉ corps pour chercher à me rendre compte de la situation des troupes engagées dans la direction de cette ligne de retraite. Là, j'acquis davantage encore la conviction que la marche de notre armée sur Mézières ne pourrait que très-difficilement s'opérer pendant le jour, et je résolus de tenir dans mes positions jusqu'à la nuit.

Je revins me placer, vers midi, au centre des lignes, afin de donner plus facilement mes ordres, et de suivre les péripéties de la lutte, qui paraissait se soutenir avec succès. Le commandant du 7ᵉ corps, ayant témoigné des inquiétudes au sujet des troupes qui occupaient les bois de la Garenne près de la ferme, et qui étaient exposées à un feu d'artillerie meurtrier, je portai de ce côté des troupes des trois armes, du 5ᵉ et du 1ᵉʳ corps, ainsi qu'une partie de la réserve de cavalerie, et je m'y rendis de ma personne. Je constatai bientôt que les obus, lancés par l'ennemi, exerçaient d'affreux ravages parmi nos troupes. La cavalerie, l'infanterie elle-même, étaient dans l'impossibilité de tenir. Trois batteries d'artillerie, mises en position, furent désorganisées en dix minutes à peine. Il fallut retirer l'artillerie et abriter la cavalerie dans une clairière, au milieu du bois, et faire de grands efforts pour y maintenir l'infanterie.

Je revins au milieu du champ de bataille, et remarquai que l'artillerie ennemie avait resserré le cercle de son feu, de manière à couvrir le plateau d'obus lancés dans tous les sens. Le général Douay me fit avertir qu'il lui était impossible de tenir plus longtemps, et qu'il avait devant lui des forces très-considérables qui ne lui permettaient pas d'opérer une retraite sur Illy.

Le 12e corps se maintenant d'ailleurs toujours avec succès sur les fortes positions qu'il occupait, je crus devoir joindre à ce corps toutes les troupes disponibles du 1er et du 5e corps, pour jeter une fraction de l'armée ennemie dans la Meuse et me frayer une issue dans la direction de Carignan. — J'écrivis dans ce sens à l'empereur, en engageant Sa Majesté à venir se placer au milieu de ses troupes, qui tiendraient à honneur de lui ouvrir un passage. Il était environ trois heures et demie.

L'ennemi céda devant notre mouvement offensif; mais en même temps les troupes du 7e et du 1er corps, restés sur le plateau pour faire l'arrière-garde, étaient vivement abordées par des forces supérieures, et étaient refoulées. Ces troupes, au lieu de suivre le mouvement du 12e corps, en passant entre le Grand-Camp et le bois de la Garenne, se rapprochèrent peu à peu des fortifications de Sedan, qui étaient pour elles un aimant irrésistible, et finirent par se ranger sous le canon de la citadelle et dans la ville, dont les portes étaient ouvertes.

Je me plaçai avec mon état-major à la tête de troupes de tous corps massées autour de la ville, et je marchai sur les traces du 12e corps, en suivant la grande route de Givonne, et, escaladant les hauteurs qui dominent cette route à l'est, mais arrêté par une série de clôtures et de parcs plus encore que par la défense de l'ennemi, je dus prendre le chemin à droite, qui me conduisait à la porte Balan.

C'est à ce moment, quatre heures, qu'un officier m'apporta une lettre par laquelle l'empereur, me prévenant que le drapeau blanc avait été hissé à la citadelle, m'invitait à cesser le feu, et à me charger de négocier avec l'ennemi. Je refusai, à plusieurs reprises, d'obtempérer à cette injonction. Malgré les pressantes instances de Sa Majesté, je n'en crus pas moins devoir tenter un suprême effort, et je rentrai en ville pour appeler à moi toutes les troupes qui s'y trouvaient accumulées; mais, soit fatigue provenant d'une lutte de douze heures sans prendre de nourriture, soit instructions mal comprises, soit ignorance des suites dangereuses que pourrait avoir leur agglomération dans une ville impropre à la défense, peu d'hommes répondirent à mon appel; c'est avec 2,000 soldats seulement, auxquels se joignirent quelques gardes mobiles et un certain nombre des courageux habitants de Sedan, que je chassai l'ennemi du village de Balan.

Ce fut le dernier effort de la lutte, l'effectif de ces troupes étant trop peu considérable pour tenter la seule retraite qui fût possible, eu égard à la disposition des troupes ennemies.

A six heures, je rentrai le dernier dans

la ville, encombrée de caissons, de voitures, de chevaux, qui arrêtaient toute circulation. Les soldats, entassés dans les rues avec le matériel d'artillerie, étaient exposés aux plus grands périls en cas de bombardement.

J'apprenais de plus qu'il restait un seul jour de vivres dans les magasins de la place, les approvisionnements amenés de Mézières par le chemin de fer ayant été renvoyés à Mézières au premier coup de canon.

Dans ces conditions, et sur un nouvel ordre de l'empereur, je me résignai à aller négocier près de M. le comte de Moltke les conditions d'une capitulation. Dès les premiers mots de notre entretien, je reconnus que le comte de Moltke avait malheureusement une connaissance très-exacte de notre situation et de notre complet dénûment en toute chose. Il me dit qu'il regrettait de ne pouvoir accorder à l'armée tous les avantages mérités par sa conduite valeureuse, mais que l'Allemagne était obligée de prendre des mesures exceptionnelles à l'égard d'un Gouvernement n'offrant, disait-il, aucune chance de stabilité; qu'en raison des attaques répétées et du mauvais vouloir de la France à l'égard de son pays, il lui était indispensable de prendre des garanties matérielles. En conséquence, il se voyait contraint d'exiger que l'armée fût faite prisonnière.

Je ne crus pas devoir accepter de telles conditions. L'on me prévint que le lendemain matin la ville serait bombardée, et je me retirai avec la menace de voir le bombardement commencer à neuf heures si la convention n'était point arrêtée avec l'ennemi.

Le 2 septembre, au point du jour, les généraux de corps d'armée et de division se réunirent en conseil de guerre, et, après examen des ressources de la place, il fut décidé à l'unanimité que l'on ne pouvait éviter de traiter avec l'ennemi.

Ci-joint le procès-verbal de la séance.

Le même jour, à neuf heures, je me rendis au quartier général du comte de Moltke, où j'obtins quelques adoucissements aux mesures proposées.

Ci-joint la convention.

Je ne connais pas encore le chiffre exact de nos pertes; mais j'évalue de 15 à 20 mille hommes le nombre des morts et des blessés pour les deux journées de Beaumont et de Sedan. L'ennemi assure nous avoir fait 30 mille prisonniers dans ces deux mêmes journées. A la bataille livrée sur le plateau d'Illy, nous avions de 60 à 65 mille combattants. M. de Moltke lui-même a reconnu que nous avons lutté contre 220 mille hommes, et que la veille, à cinq heures du soir, un corps prussien d'un effectif supérieur à celui de notre armée, était déjà placé sur notre ligne de retraite. — Une lutte soutenue pendant quinze heures contre des forces très-supérieures me dispense de faire l'éloge de l'armée. — Tout le monde a fait noblement son devoir.

Je regrette profondément de n'être arrivé à l'armée que le soir d'un insuccès, et de n'en avoir pris le commandement que le jour où une grande infériorité numérique et les conditions dans lesquelles étaient placées les troupes rendaient la défaite inévitable. C'est le cœur brisé que j'ai apposé ma signature au bas d'un acte qui consacre un désastre pour la France, sacrifice que mes compagnons d'armes et d'infortune sont peut-être seuls susceptibles de bien comprendre.

J'avais fait connaître tout d'abord au général de Moltke que je ne séparerais point mon sort de celui de l'armée. Je suis en route pour Aix-la-Chapelle, où je vais me constituer prisonnier, accompagné de mon état-major particulier, et de l'état-major général du 5e corps, qui, pendant toute la bataille, en l'absence de l'état-major général du maréchal de Mac-Mahon, a rempli près de moi les fonctions d'état-major général de l'armée.

D'Aix-la-Chapelle je compte me rendre en Wurtemberg, à Stuttgard, ville qui m'a été désignée pour lieu de mon internement.

Fays-sur-Veneurs (Belgique), 5 septembre 1870.

Le général commandant en chef,

DE WIMPFFEN.

BATAILLE DE SEDAN

RÉCIT OFFICIEL ALLEMAND

Pour le 31 août, le roi avait ordonné que l'armée du prince royal de Saxe eût à empêcher l'aile gauche ennemie de s'échapper dans la direction de l'est, entre la frontière belge et la Meuse.

La 3e armée, sous le commandement supérieur du prince royal de Prusse, devait continuer sa marche en avant, attaquer l'ennemi s'il se plaçait de ce côté-ci de la Meuse, et opérer à la fois contre le front et le flanc droit, de telle sorte que l'armée française fût resserrée dans l'espace étroit compris entre la Meuse et la frontière de Belgique.

On était suffisamment renseigné sur l'ennemi, avec lequel on était continuellement en contact.

De Rémilly, l'artillerie du 1er corps d'armée bavarois avait eu l'occasion de tirer avec efficacité sur les colonnes françaises qui se retiraient sur Sedan.

Cette retraite devint de plus en plus précipitée. Enfin l'on vit de fortes colonnes fuir en pleine déroute, abandonnant tous les bagages.

Dans cette occurrence, on conçut la crainte que l'ennemi, par une marche de nuit, ne réussît, par une fuite rapide, à nous empêcher d'obtenir un grand résultat pour le jour suivant. — On pouvait encore prévenir cette manœuvre. En conséquence le roi ordonna que, pendant la nuit même du 31 au 1er, la Meuse fût franchie auprès de Donchéry et de Dom-le-Mesnil par un corps et demi, afin de pouvoir, au point du jour, diriger une attaque, sur un front déployé, vers la route de Sedan à Mézières.

Il fut donné connaissance de ces dispositions au prince royal de Saxe.

Jetons maintenant un regard sur les emplacements respectifs occupés par les corps, le soir du 31 août, et dans la nuit du 31 au 1er septembre.

L'armée de Son Altesse Royale le prince royal de Saxe formait l'aile droite, et occupait les positions ci-après :

Le corps de la garde était près de Carignan, sur la rive droite de la Chiers ; le 12e corps à Mairy. Les avant-gardes des deux corps faisaient front à l'est et au nord, et s'étendaient de Pourru-aux-Bois jusqu'à Pourru-Saint-Remy, ainsi que de la Foulerie à Douzy. Les patrouilles touchaient l'ennemi, et s'approchaient jusque devant Francheval ; on savait qu'il y avait un camp français à Villers-Cernay. — Le 4e corps occupait la rive gauche de la Meuse près de Sedan.

Les emplacements, pour la 3e armée, étaient, le 31 au soir : le 1er corps d'armée à Rémilly ; le 2e corps d'armée bavarois à Raucourlt. Le 5e corps à Chelery ; le 11e corps à Donchéry ; la division wurtembergeoise à Boutancourt. Le 6e corps ne put, le même soir, atteindre que Semuy et Attigny. Il se tint prêt, dans le cas où l'ennemi tenterait réellement de faire une marche de nuit, à se transporter plus loin à l'ouest, pour le forcer à s'arrêter.

Une modification fut encore apportée à cette disposition de la 3e armée en tant que la division wurtembergeoise commença, pendant la même nuit, la construction d'un pont près de Dom-le-Mesnil, et ensuite le passage de la rivière.

Le 11e corps avait déjà, le 31, jeté deux ponts près de Donchéry; et il se trouvait, au point du jour, sur la rive droite de la Meuse.

En conséquence des indications qui avaient été données par le roi pour les opérations des deux armées, le prince royal de Saxe arrêta les dispositions suivantes :

Les corps prendront les armes immédiatement. La marche en avant du 12e corps et de la garde aura lieu à 5 heures du matin sur 3 colonnes partant de Douzy, Pourru-Saint-Remy et Pourru-aux-Bois. Elle sera dirigée vers la ligne de Moncelle à Givonne. La 7e division reste en réserve près de Mairy.

La 8e division et l'artillerie de réserve du 4e corps vont à Bazeilles pour soutenir le 4e corps bavarois.

Le prince royal de Prusse avait, en ce qui concerne son armée, pris les décisions suivantes :

Le 1er corps bavarois passe la Meuse près de Rémilly et attaque Bazeilles.

Le 2e corps bavarois va à Wadelincourt et Frénois.

Le 11e corps se rend, par Vrigne-au-Bois, à Saint-Menges.

Le 5e corps et la 4e division de cavalerie suivent ce mouvement.

La division wurtembergeoise reste en soutien, vers Mézières, et en même temps laisse à Donchéry des réserves prêtes à marcher.

LE 1er SEPTEMBRE.

Au point du jour le roi se transporta de Vendresse à Frénois, à l'ouest de Sedan, et choisit pour point de station la hauteur au sud de ce village, immédiatement à l'est de la chaussée.

Déjà depuis six heures du matin on pouvait entendre tonner le canon dans la direction de l'est de Bazeilles.

Le 1er corps bavarois avait commencé de bonne heure le combat contre l'ennemi, qui tenait ferme.

Le 11e corps, à l'extrémité de l'aile gauche, était à ce moment à Vrigne-au-Bois, et n'avait pas encore heurté l'ennemi.

Cela prouvait déjà maintenant clairement que l'ennemi avait pris la résolution de renoncer à une marche sur Mézières, et d'accepter la bataille près de Sedan; d'ailleurs cette marche, à cette heure, ne semblait plus être à redouter. (1)

Il était encore possible pour l'ennemi de s'échapper par la frontière de Belgique. Le chef de l'armée française prit cependant l'honorable détermination de ne point recourir à cette extrême ressource, mais d'accepter la bataille. En raison de la supériorité numérique des deux armées allemandes et de la

(1) Ainsi, dès le point du jour, dès le commencement de l'action la route sur Mezières était coupée.

direction de marche qui avait été assignée aux corps séparés, cette dernière issue devait être aussi fermée dans l'espace de peu d'heures, et une catastrophe inouïe était évidente. Voyons comment elle se produisit.

Près de Bazeilles, le 1er corps bavarois rencontra une très-vive résistance. La division Walter, du 2e corps, fut envoyée pour soutenir son aile, sur la rive droite de la Meuse; et, après un combat opiniâtre soutenu des deux côtés avec une bravoure extrême, l'ennemi fut dans le courant de la journée rejeté de Bazeilles et de Balan vers Sedan.

Pendant ce temps, vers 6 heures et demie du matin, déjà le prince royal de Saxe était entré en action avec sa tête de colonne, près de Lamicourt et de la Moncelle. Il avait en face de lui le 1er corps français, occupant fortement Monvillers, la Moncelle, Daigny, aussi bien que les hauteurs à l'est de ces points. Tout d'abord la 4e division réussit à repousser l'ennemi assez loin pour qu'il devînt possible de se développer entre la Moncelle et Daigny.

Sur son aile gauche, cette division s'était bientôt rejointe au 1er corps bavarois. Là le 1er corps français prit l'offensive contre elle. Ce choc fut accompagné d'un violent feu de mitrailleuses et de canons. Toutes ces vives attaques furent repoussées de telle façon, que, après 9 heures et demie, elles ne se reproduisirent plus, lorsque la 23e division arriva et enleva la Moncelle à l'ennemi.

Le corps de la garde, qui avait le plus long chemin à parcourir, arriva à 8 heures à Villers-Cernay, trouva le 12e corps déjà dans une position de combat favorable, et reçut en conséquence du commandant de l'armée l'ordre de remonter la vallée vers Fleigneux, dès que la position de Givonne à Daigny serait enlevée. Le 12e corps devait suivre le mouvement à la gauche.

Déjà, vers 9 heures, des batteries séparées de l'aile gauche ouvraient leur feu près de la garde, vers Villers-Cernay, pendant que sur son aile droite l'artillerie de réserve soutenait la marche en avant de la 1re division de la garde sur Givonne et plus tard, par les fonds, sur Illy.

La 2e division de la garde se trouva, vers 11 heures, entre Daigny et Hoybes. Daigny même fut enlevé, vers midi, par le 12e corps.

La 23e division de ce même corps s'avança alors en remontant la vallée, et chassa l'ennemi de ses fortes positions, pendant que la garde, en marche sur Illy, tournait de plus en plus son flanc. L'intervalle devenant trop grand jusqu'au corps bavarois, fut alors rempli par la 8e division.

Toutes les batteries disponibles furent amenées sur les hauteurs enlevées.

Environ 100 pièces furent là mises en action, à l'aile droite.

Revenons maintenant aux corps de l'aile gauche des armées alliées. Nous avons vu le 11e corps près de Briancourt, suivi du 5e corps et de la 4e division de cavalerie.

Son Altesse Royale le prince royal de Prusse avait prescrit de se diriger sur Saint-Menges, à 8 heures trois quarts; l'avant-garde du 11e corps vint se heurter contre l'ennemi, qui avait pris position au sud-ouest, sur la rive gauche du ruisseau qui passe près de Saint-Menges. Il se livra un combat court, mais très-opiniâtre, lequel se termina par l'évacuation de Menges par l'ennemi. Celui-ci se retira sur ses fortes positions dominantes entre Floing et Illy. Notre adversaire s'était formé là sur un éperon se prolongeant à l'ouest, pour se protéger contre les attaques qui étaient dirigées du nord vers ses derrières. A ce point de vue spécial, la position était forte; mais déjà, en ce moment, il devenait palpable pour l'ennemi, qu'il était complétement cerné, car il recevait des batteries bavaroises placées sur la rive gauche de la Meuse, au nord et à l'est de Frénois, des projectiles dans son flanc et sur ses derrières. En outre, l'artillerie du 11e corps, employée d'une manière excellente pour préparer l'enlèvement de ses hauteurs, prit ensuite, avec deux batteries de la tête de colonne, une position au nord de Floing, des deux côtés d'un jardin clos de murs, et fut alors soutenue par le 5e corps. Celui-ci avait pris son artillerie de réserve en tête, et passa pendant ce temps, avec elle, le ruisseau près de Fleigneux. C'est au sud de ce village que les batteries prirent leur première position pour battre la position ennemie. Vers onze heures s'était ouvert sur toute la ligne de cette aile un violent feu d'artillerie qui dura plusieurs heures sans interruption. — Vers une heure environ, l'infanterie du 11e corps et la 19e brigade de l'aile droite du 5e corps s'avancèrent pour attaquer dans la direction de Floing.

L'ennemi se défendit avec le courage du désespoir. Mais, malgré ses efforts, l'infanterie, soutenue très-fortement par ses batteries, réussit à occuper la position du terrain située devant Floing.

Plusieurs retours offensifs, surtout faits par la cavalerie, et dont la vivacité donnait à supposer l'intention de faire une trouée, vinrent échouer devant le calme inébranlable des bataillons du 11e corps et des fractions du 5e corps qui les appuyaient. Les attaques furent reçues, partie en carrés, partie en lignes, et furent toutes repoussées par un feu calme, bien ajusté, qui coucha à terre la plus grande partie des assaillants, et rejeta le reste dans Sedan.

Le combat des deux corps fut, après la grave blessure du commandant par intérim du 11e corps, conduit par le général lieutenant de Kirchbach.

Après la fuite de la cavalerie, l'infanterie française ne tint plus. A trois heures de l'après-midi, l'ennemi était déjà sur divers points en pleine retraite sur la forteresse.

Le 5e corps avait pendant ce temps efficacement préparé, par son artillerie de réserve, l'attaque générale contre Illy et la position dominante qui y touche. Elle était parfaitement secondée par une 3e batterie de réserve du 3e corps qui avait pris position à l'est de Floing.

Un violent combat embrasa les hauteurs au sud d'Illy et les parcelles de bois qui s'y trouvent. A 3 heures il s'éteignit. L'ennemi se trouvait là aussi en retraite à travers le bois de la Garenne sur la forteresse.

Ainsi, à ce moment de l'après-midi, on avait achevé de cerner complétement l'armée française en rase campagne.

Successivement les colonnes prussiennes se précipitant de tous les côtés firent rétrograder sur Sedan toutes les fractions ennemies qui tenaient encore; beaucoup d'entre elles, déjà coupées, durent déposer les armes et se rendre, car il ne leur restait aucune issue.

L'armée du prince royal de Saxe fit pendant la bataille 1,100 prisonniers. Il avait, en outre, entre les mains 7 mitrailleuses, 25 canons, 2 fanions et 1 aigle; les 5e et 11e corps livrèrent plus de 10,000 hommes. Si on compte, en outre, les prisonniers faits par les troupes bavaroises, le chiffre total s'élève à environ 25,000 hommes qui, pendant la bataille seulement, tombèrent dans nos mains.

La première position ennemie faisait front vers l'est : déjà le matin, de bonne heure, le maréchal de Mac-Mahon avait été grièvement blessé par un des premiers obus.

Le général qui prit sa place avait formé le projet de s'ouvrir une trouée vers l'ouest. Vers midi, le général de Wimpffen prit le commandement et tenta encore une fois de se frayer un passage dans la direction opposée, où les Bavarois eurent encore à soutenir une lutte très-vive; mais ils parvinrent cependant à repousser victorieusement leurs adversaires.

Les pertes de l'ennemi, particulièrement causées par notre artillerie, furent très-considérables; les nôtres, au contraire, surtout en comparaison avec les batailles livrées précédemment, furent très-faibles.

En dernier lieu, le feu de 4 à 500 bouches à feu avait été concentré contre l'armée ennemie, qui se défendit longtemps avec une grande bravoure, mais qui à la fin fut rejetée dans une déroute complète sur Sedan.

L'empereur se tint de sa personne, pendant le combat, près de l'armée; dans le commencement de l'après-midi, il rentra à

Sedan dans l'enceinte fortifiée, et de là envoya par écrit au roi, par l'intermédiaire du général Reille, qui apporta la lettre, l'offre de rendre son épée. Cette offre fut acceptée; successivement le combat d'artillerie s'était éteint sur toute la ligne. Toutes les hauteurs qui environnent Sedan étaient en la possession des troupes allemandes.

Complétement cernée par des troupes deux fois supérieures en nombre, sans possibilité de s'ouvrir une issue ou d'opposer une plus longue résistance, l'armée française n'avait plus qu'à parlementer pour une capitulation.

Les négociations eurent lieu dans le courant de la nuit à Donchéry; et les conditions furent stipulées par les Prussiens. Si elles n'avaient point été acceptées, les hostilités auraient recommencé le lendemain matin.

Après que l'empereur Napoléon se fut présenté le 2, de bonne heure, aux avant-postes qui étaient de ce côté, les conditions de la capitulation furent, vers midi, signées au château de Bellevue, près Frénois, par le général de Moltke et le commandant en chef de l'armée française. Aux termes de cette convention, l'armée ennemie était prisonnière de guerre, et en même temps la forteresse de Sedan ouvrait ses portes. Les détails furent réglés avec tous les égards que le vainqueur pouvait observer envers une armée brave et malheureuse.

En dehors des 25,000 hommes environ pris le jour de la bataille, 83,000 hommes furent faits prisonniers de guerre par suite de la capitulation. 14,000 blessés français furent retrouvés dans Sedan ou aux alentours.

Plus de 400 pièces de canon (y compris 10 mitrailleuses), 184 pièces de rempart et un immense matériel de guerre furent remis entre les mains du vainqueur.

Environ 3,000 hommes réussirent à s'échapper en Belgique.

Si l'on ajoute les pertes de la bataille de Beaumont, du 30 août, l'effectif total de l'armée de Mac-Mahon s'élève à près de 150,000 hommes.

Dans l'espace de trois jours, cette armée avait cessé d'exister.

Les deux relations officielles sur la bataille du 1er septembre concordent sur presque tous les points.

Il en ressort d'une façon incontestable :

1° Que pendant la nuit du 31 août au 1er septembre, la retraite sur Mézières, à l'ouest, était déjà à peu près impossible, puisque le 11e corps, la division Wurtembergeoise, le 5e corps et la 4e division de cavalerie de l'armée du prince royal avaient passé la Meuse à Donchery et à Dom-le-Mesnil; puisqu'en outre le 6e corps de la même armée appuyait à l'ouest pour nous arrêter en cas de tentative de notre part, et pour renforcer les autres troupes du prince de Prusse, lesquelles étaient déjà d'un effectif supérieur à ce qui nous restait. Néanmoins il eût été possible de tenter de se frayer un passage la nuit; mais le lendemain, dès 5 heures du matin, la chose était impraticable.

2° Que pendant cette même nuit il eût été plus facile de se replier sur Carignan, attendu qu'on n'aurait eu encore affaire qu'au 1er corps bavarois et à la garde du prince de Saxe.

3° Que la route de Belgique par Bouillon était parfaitement libre, et que la grande préoccupation de l'ennemi était que nous ne prissions cette voie pour échapper à ses forces triples des nôtres.

4° Qu'à partir de huit heures du matin, le 1er septembre, tout mouvement de retraite ne pouvait plus être tenté avec quelque chance de succès vers l'ouest ; que celui sur Carignan, que voulait faire le général de Wimpffen, sollicitant l'empereur de venir au milieu de ses troupes, était donc le seul rationnel et possible, grâce aux succès du 12e corps (Lebrun).

Procès-verbal du conseil de guerre tenu le 2 septembre 1870, au matin, à Sedan.

Aujourd'hui, 2 septembre, à dix heures du matin, sur la convocation du général en chef, un conseil de guerre, auquel ont été appelés les généraux commandant les corps d'armée, les généraux commandant les divisions et les généraux commandant en chef l'artillerie et le génie de l'armée, a été réuni.

Le général commandant a exposé ce qui suit :

D'après les ordres de l'empereur, et comme conséquence de l'armistice intervenu entre les deux armées, j'ai dû me rendre auprès de M. le comte de Moltke, chargé des pleins pouvoirs du roi de Prusse, dans le but d'obtenir les meilleures conditions possibtes pour l'armée refoulée dans la place après une bataille malhenreuse.

Dès les premiers mots de notre entretien,

j'ai reconnu que le comte de Moltke avait malheureusement une connaissance parfaite de notre situation et qu'il savait très-bien que l'armée manquait de vivres et de munitions. M. de Moltke m'a fait connaître que dans la journée d'hier nous avions combattu une armée de 220,000 hommes, qui nous entourait de toutes parts. « Général, m'a-t-il dit, nous sommes disposés à faire à votre armée, qui s'est si vaillamment battue aujourd'hui, les conditions les plus honorables ; toutefois il faut que ces conditions soient compatibles avec les exigences de la politique de notre gouvernement. Nous demandons que l'armée française capitule. Elle sera prisonnière de guerre; les officiers conserveront leurs épées et leurs propriétés personnelles; les armes de la troupe seront déposées dans un magasin de la ville pour nous être livrées. »

Le général a demandé aux officiers qui faisaient partie du conseil de guerre si, dans leur pensée, la lutte était encore possible ; la grande majorité a répondu par la négative. Deux généraux seuls ont exprimé l'opinion que l'on devait, ou se défendre dans la place, ou chercher à sortir de vive force. On leur a fait observer que la défense de la place était impossible, parce que vivres et munitions manquaient absolument; que l'entassement des hommes et des voitures dans les rues rendait toute circulation impossible; que, dans ces conditions, le feu des batteries ennemies, déjà en position sur toutes les hauteurs environnantes, produirait un affreux carnage sans aucun résultat utile; que le débouché était impossible, puisque l'ennemi occupait déjà les barrières de la place, et que ses canons étaient braqués sur les avenues étroites qui y conduisent. Ces deux généraux se sont rendus à l'avis de la majorité.

En conséquence, le conseil a déclaré au général en chef, qu'en présence de l'impuissance matérielle de prolonger la lutte, nous étions forcés d'accepter les conditions qui nous étaient imposées, tout sursis pouvant nous exposer à subir des conditions plus douloureuses encore.

Ont signé : de Wimpffen, commandant en chef l'armée de Châlons ; Ducrot, commandant le 1er corps ; Douay, commandant le 7e corps ; Lebrun, commandant le 12e corps ; Forgeot, commandant en chef l'artillerie ; Dejean, commandant en chef le génie.

Les généraux de division et d'autres, présents à Sedan, furent également appelés à assister à la séance du conseil de guerre ; ne faisant pas partie intégrante du conseil, ils ne furent pas invités à signer, mais seulement à donner leur avis. Tous déclarèrent que la continuation de la défense était impossible, en sorte que la reddition fût décidée à l'*unanimité*.

Protocole de la capitulation de Sedan.

Entre les soussignés :

Le chef de l'état-major de Sa Majesté le roi Guillaume, commandant en chef des armées allemandes, et le général commandant en chef l'armée française, tous deux munis des pleins pouvoirs de Leurs Majestés le roi Guillaume et l'empereur Napoléon,

La convention suivante a été conclue :

ARTICLE 1er. — L'armée française placée sous les ordres du général de Wimpffen, se trouvant actuellement cernée par des forces supérieures autour de Sedan, est prisonnière de guerre.

ART. 2. — Vu la défense valeureuse de cette armée, il est fait exception pour tous les généraux et officiers, ainsi que pour les employés supérieurs ayant rang d'officier, qui engageront leur parole d'honneur par écrit de ne pas porter les armes contre l'Allemagne et de n'agir d'aucune autre manière contre ses intérêts jusqu'à la fin de la guerre actuelle. Les officiers et employés qui accepteront ces conditions conserveront leurs armes et les objets qui leur appartiennent personnellement.

ART. 3. — Toutes les autres armes, ainsi

que le matériel de l'armée, consistant en drapeaux (aigles), canons, chevaux, caisses de guerre, équipages de l'armée, munitions. etc., seront livrés à Sedan à une commission militaire instituée par le commandant en chef, pour être remis immédiatement au commissaire allemand.

Art. 4. — La place de Sedan sera livrée ensuite dans son état actuel, et au plus tard dans la soirée du 2 septembre, à la disposition de Sa Majesté le roi de Prusse.

Art. 5. — Les officiers qui n'auront pas pris l'engagement mentionné à l'art. 2, ainsi que les troupes désarmées, seront conduits, rangés d'après leurs régiments ou corps, et en ordre militaire. Cette mesure commencera le 2 septembre et sera terminée le 3. Ces détachements seront conduits sur le terrain bordé par la Meuse, près d'Igès, pour être remis aux commissaires allemands par leurs officiers, qui cèderont alors le commandement à leurs sous-officiers.

Les médecins militaires, sans exception,

resteront en arrière pour prendre soin des blessés.

Fait à Frénois, le 2 septembre 1870.

Signé : de Wimpffen.

Signé : Moltke.

Note sur le commandemet du général de Wimpffen.

Lorsque le général de Wimpffen, arrivé à Paris le dimanche 28 août, fut voir le ministre de la guerre, comte de Palikao, il apprit de lui que le mouvement du maréchal de Mac-Mahon pour tendre la main à Bazaine et opérer la jonction, avait été retardé par la faute de l'empereur et par la condescendance fatale du duc de Magenta aux volontés d'un souverain qui ne devait plus rien être en ce moment à l'armée, si le commandant en chef de celle de Châlons avait eu l'énergie du maréchal Bazaine.

De Wimpffen apprit encore que ce mouvement sur Metz était enfin en cours d'exécution, et comme le commandement du 5e corps, également par la faute de l'mpereur, n'était pas retiré au général de Failly, comme d'un autre côté l'harmonie entre le gouverneur de Paris et le ministre de la guerre n'était pas des plus parfaite, ce dernier annonça au général de Wimpffen qu'il allait avoir le commandement du 14e corps en formation à Paris.

Le général crut comprendre que cette combinaison cachait un dessous de carte politique. Il craignit qu'on ne voulût en quelque sorte l'opposer au général Trochu. Son parti fut pris à l'instant, et il demanda à partir pour rejoindre l'armée de Châlons. Il était à ce moment bien loin, lui ainsi que le ministre, de connaître l'état de désorganisation du 5e corps. Ni l'un ni l'autre ne croyaient les armées allemandes si près d'opérer leur formidable concentration.

Le général de Wimpffen pouvait donc encore espérer arriver à temps pour agir à la fois sur l'empereur et sur le maréchal. Le comte de Palikao se rendant à cette raison pressa le départ du général. Il avait hâte de voir exécuter ses combinaisons si sages et si excellentes, redoutant et prévoyant un désastre si l'opération venait à manquer.

Le ministre ne voulait pas du retour de

l'armée de Châlons sous Paris avant le déblocquement de celle du Rhin. Beaucoup de militaires lui donneront raison à cet égard, et diront même qu'il valait beaucoup mieux réorganiser les troupes aux ordres de Mac-Mahon sous le canon de Lille que sous celui de la capitale.

En effet, les Prussiens ne pouvaient se hasarder à investir Paris, tant que des armées imposantes tiendraient la campagne.

On aurait pu encore se replier sur la Loire, en manœuvrant de manière à menacer les lignes d'opération et de retraite des Allemands.

Dans sa longue conversation qui dura une partie de la journée du 28 août, le général de Wimpffen exprima au comte de Palikao son étonnement de ce que le 7e corps du général Douay (Félix) avait quitté Belfort, attendu que ce corps eût exigé de la part de l'ennemi une armée de 80 mille hommes pour le bloquer, et eût été une force imposante pour menacer les troupes ennemies qui assiégeaient Strasbourg. Le ministre répondit que le 7e corps s'était replié sur Châlons, en dehors de toute combinaison de sa part, et pour suivre le mouvement des corps Mac-Mahon et de Failly.

Lorsque le général de Wimpffen arriva enfin le 30 août à cette armée de Châlons, il fut assez mal vu et assez mal reçu par plusieurs des principaux chefs. Le général de Failly n'avait pas été préparé à se voir remplacé dans son commandement. De Wimpffen fut forcé d'aller le 31, réclamer au maréchal de Mac-Mahon sa mise à l'ordre, et il fut accueilli sans la moindre parole amicale. On se borna à lui dire qu'on allait s'en occuper. Il prit son commandement du 5e corps sans avoir l'ordre signé Mac-Mahon. En quittant le maréchal, le général de Wimpffen se rendit sans invitation chez l'empereur, et lui fit observer qu'il était appelé bien tard. L'empereur répondit qu'on lui avait assuré que sa présence avait paru indispensable en Algérie. « Pour une guerre comme celle-ci, ajouta le général, l'on n'a pas trop de tous les hommes pouvant être utiles en France.» Le souverain prononça alors quelques paroles aimables, et le général se retira, ne sachant de la position, de la force des armées françaises et allemandes, rien, absolument rien que ce qu'il avait pu en apprendre ou plutôt en deviner en courant, et par la déroute de Beaumont, qui s'était passée en partie sous ses yeux, puisqu'il avait rejoint l'armée au moment où le 5e corps fuyait de toute part, et qu'il avait, à grande peine, arrêté quelques milliers d'hommes en leur reprochant leur lâche terreur.

Non-seulement le maréchal de Mac-Mahon a continuellement hésité dans sa marche, entreprise, par ordre venu de Paris, pour rejoindre et débloquer Bazaine, et, par conséquent, à donné le temps aux armées ennemies de se réunir; mais en outre, après l'affaire de Beaumont, le 30, il ignorait encore le nombre de ses adversaires. Il en évaluait le chiffre à soixante-dix mille hommes; le surlendemain nous allions en avoir deux cent quarante mille sur les bras.

De là sa marche sur Sedan pour suivre

l'empereur, son séjour du 31 août au matin au 1er septembre. Le maréchal était persuadé que les Allemands auraient à se concentrer avant de l'attaquer et le poursuivre sérieusement. Il avait bien l'intention de battre en retraite, mais seulement le 1er septembre; ce qui le prouve d'une façon péremptoire, c'est que, dans la nuit du 31 août au 1er septembre, vers quatre heures du matin, il fit partir ses chevaux et ses équipages, qui furent pris sur la route de Mézières. Il est donc probable que vers 9 heures du matin, le 1er septembre, le général Ducrot n'avait d'autre pensée, en se portant sur la gauche, vers le calvaire d'Illy, que de chercher à mettre à exécution un programme arrêté entre lui et le maréchal de Mac-Mahon, programme qui aurait dû être exécuté le 31 au soir au plus tard, pour avoir quelque chance de réussir. Peut-être encore ce mouvement eût-il été possible pour les têtes de colonnes, mais seulement pour les têtes de colonnes le 1er septembre, *avant 4 heures du matin*. En effet, il est hors de doute que, cette heure passée, les Bavarois seraient tombés sur l'arrière-garde et sur les bagages, puisqu'ils ont attaqué notre 12e corps, sur notre droite, à Bazeilles, dès quatre heures et demie du matin. Il est également hors de doute que, du côté de la route de Mézières, les tronpes allemandes, concentrées le 31 août au soir à Donchery et à Dom-le-Mesnil, ne seraient pas restées inactives.

Le général Ducrot, pendant le peu de temps qu'il a exercé le commandement en chef, ne paraît pas s'être rendu compte de ce fait résultant de l'ensemble des attaques ennemies, c'est que ce qui était difficile à exécuter le 31 août au soir ou le 1er septembre de grand matin avant le point du jour, était irréalisable après plus de quatre heures de lutte, c'est-à-dire le 1er septembre vers neuf heures.

Il a fallu que cette vérité parût bien évidente, bien incontestable au général de Wimpffen, pour que ce dernier crût devoir arrêter brusquement le mouvement de retraite sur Illy, et pour qu'il se déterminât à réclamer un commandement qu'il avait laissé depuis plus d'une heure entre les mains d'un collègue plus jeune que lui d'âge et *de grade*. Certes, prendre un pareil commandement, assumer sur sa tête une pareille responsabilité lorsque tout est à peu près perdu, et qu'on peut laisser cette responsabilité sur la tête d'un autre, le tout parce qu'on entrevoit une faible chance de salut, est un acte de dévouement sublime et nullement une preuve d'ambition personnelle.

Le général de Wimpffen comprit alors, par un éclair subit, que le seul moyen de sauver l'armée était de profiter de ce qu'à la droite le 12e corps se maintenait avec vigueur dans ses positions ; il résolut de percer sur Carignan, en faisant un mouvement de gauche à droite. Il écrivit alors à l'empereur un billet qu'on trouvera plus loin, et qui se terminait ainsi :

« Que Votre Majesté vienne se mettre au
« milieu de ses troupes, elles tiendront à
« honneur de lui ouvrir un passage. »

L'empereur refusa, fit dire au général de

traiter avec le général de Moltke d'une capitulation. De Wimpffen envoya sa démission. L'empereur lui écrivit la lettre ci-dessous :

« Général, vous ne pouvez pas donner « votre démission lorsqu'il s'agit encore « de sauver l'armée par une honorable ca« pitulation.

« Je n'accepte donc pas votre démission. « Vous avez fait votre devoir toute la jour« née, faites-le encore. C'est un service que « vous rendrez au pays.

« Le roi de Prusse a accepté l'armistice, et « j'attends ses propositions.

« Croyez à mon amitié,

« NAPOLÉON. »

Nous terminerons cette note relative au commandement du général de Wimpffen, par la réfutation faite par le général d'une lettre des aides-de-camp de l'empereur, lettre insérée dans l'*Indépendance belge*. La voici :

Un grand nombre de journaux viennent

de publier une lettre des généraux aides-de-camp de l'empereur, à laquelle le général de Wimpffen se voit, avec regret, obligé de répondre.

Le billet porté à l'empereur par les capitaines d'état-major de Saint-Haouen et de Lamourette, contenait ce qui suit :

« Sire,

« Je donne l'ordre au général Lebrun de « tenter une trouée dans la direction de « Carignan, et je le fais suivre par toutes « les troupes disponibles. Je prescris au « général Ducrot d'appuyer ce mouvement « et au général Douay de couvrir la re- « traite.

« Que Votre Majesté vienne se mettre au « milieu de ses troupes ; elles tiendront à « honneur de lui ouvrir un passage. »

En adressant cette invitation à Sa Majesté, le but du général était de lui éviter le profond chagrin de se voir prisonnier, et d'user du prestige de sa personne sur l'armée pour déterminer un mouvement d'ensemble, sans lequel une trouée était impossible.

L'empereur n'accueillit point cette proposition et fit arborer, à l'insu du général de Wimpffen, le drapeau blanc à la citadelle, en même temps qu'il envoyait un officier de sa maison en parlementaire.

Le drapeau blanc fut maintenu malgré les protestations du général et son refus de négocier; les parlementaires ennemis furent reçus au quartier impérial.

Tous ces actes, qui sont du ressort du commandement en chef, ont nui à l'exécution des derniers mouvements offensifs.

Il n'est donc pas exact de dire que le général n'a pas été combattu dans ses idées et dans les ordres qu'il a pu donner. C'est un sentiment de haute convenance qui l'empêcha, dans sa lettre de démission, de spécifier que tel était le motif de son refus de signer l'armistice. Il ne se résigna au rôle de négociateur qu'après avoir lu la réponse honorable de Sa Majesté.

Les généraux aides-de-camp ont raison

d'affirmer qu'il n'y a jamais eu entre l'empereur et le général la moindre altercation, et ce n'est pas sans une vive émotion que le général a reçu le dernier embrassement de Sa Majesté.

Le seul document que le général de Wimpffen ait fait rédiger sur les opérations de la guerre, est le rapport officiel sur la bataille, qui a été adressé au ministre et reproduit à peu près textuellement par divers journaux.

De Wimpffen.

Réponse du général de Wimpffen au général Lebrun.

L'*Étoile belge* publie, à la date du 26 octobre courant, un article signé : Général Lebrun.

Cet officier général déclare obéir, en rédigeant cet article, à la pression d'une volonté étrangère.

« Je suis mis, dit-il, dans l'impossibilité
« de me taire. On m'interroge en effet et
« l'on veut savoir de moi si le général de
« Wimpffen m'a donné réellement l'ordre
« dont il est question dans le billet qu'il a
« fait porter à l'empereur. »

Et affirme n'avoir pas reçu de moi l'ordre de tenter avec ses troupes une trouée dans la direction de Carignan.

Sans m'arrêter à chercher quelle est cette volonté impérieuse à laquelle le général Lebrun, aide de camp de l'empereur, se voit dans la nécessité de se soumettre, je veux répondre simplement à l'espèce de démenti qui m'est infligé, et pour cela il me suffit de citer textuellement un passage du rapport officiel que le général Lebrun, commandant le 12e corps, m'a remis, avant de quitter Sedan, sur les opérations de ses troupes pendant la journée du 1er septembre.

« Toutefois, mon général, voyant que « mes troupes tenaient toujours bon sur le « plateau de Moncelle et la route de Stenay, « dans le village de Bazeilles, vous fûtes « d'avis que le seul parti à prendre était « de forcer le passage par cette dernière « route, afin de gagner Carignan et de là « Montmédy.

« Bientôt cette dernière porte de salut nous fut fermée complétement..... »

J'ajouterai que je n'ai pas seulement parlé au général de mon intention d'opérer une retraite sur Carignan. Je lui ai donné verbalement moi-même, entre une et deux heures, l'ordre positif de commencer le mouvement, en même temps que j'expédiais des officiers aux 1er et 7e corps pour faire soutenir le 12e. C'est peu de temps après que mon billet a été porté à l'empereur. Je pourrais, au besoin, m'appuyer du témoignage des officiers de mon état-major, qui nous entourait en ce moment.

J'ai lieu de penser que lorsqu'il s'agira d'écrire l'histoire de cette campagne, on s'en rapportera plutôt au rapport officiel écrit par le général Lebrun au lendemain de la bataille, qu'à des notes rédigées par lui après coup, et dans des vues auxquelles la politique peut ne pas être étrangère.

En ce qui concerne le retour offensif que j'ai essayé à Balan à 5 heures du soir, c'était bien un appel désespéré, mais non pas irréfléchi, adressé à la troupe. Je venais de faire répondre une seconde fois à l'empereur que je refusais de parlementer avec l'ennemi.

J'ai voulu tenter un dernier et suprême effort, afin de sauver du moins l'honneur de nos armes, et cette tentative eût réussi peut-être, si l'on n'avait pas arboré malgré moi le drapeau blanc; si, vers 4 heures, le général Lebrun lui-même ne s'était pas fait suivre de ce drapeau à travers les rues de la ville en revenant de chez l'empereur.

Il m'est d'autant plus pénible d'avoir à me défendre contre les assertions peu bienveillantes du général Lebrun, que j'ai toujours considéré cet officier général comme un bon camarade, et que je me suis plu à rendre hommage au talent et à la fermeté avec lesquels il a conduit ses troupes le 1er septembre, et a su résister pendant 13 heures aux efforts de l'ennemi.

Le général de Wimpffen à X....

Fays-les-Veneurs, 5 septembre 1870.

« Mon cher ami,

« Je suis en route pour aller me constituer prisonnier de guerre à Aix-la-Chapelle ; cette lettre partira d'un petit village belge, où je fais ma correspondance pour le ministre.

« Je commence par te déclarer que l'incapacité de X. et la présence de l'empereur ont été les principales causes de nos désastres. Tu en trouveras la preuve dans les dispositions prises, dans les indécisions, lorsqu'il fallait les mesures les plus énergiques.

« J'arrivai après une marche des plus rapides, le 30, à Beaumont, pour assister à la déroute de nos troupes. Elles n'étaient plus, pour les 5e et 12e corps, que j'avais sous les yeux, que des bandes dispersées, cherchant à s'éloigner au plus vite.

« Malgré la fatigue de mes chevaux, je me

portai au milieu des fuyards, en leur reprochant d'avoir si peur de projectiles qui, en ce moment, leur faisaient peu de mal. J'allai ensuite presser la marche de convois qui s'entassaient sur une seule route ; et enfin, le soir, je réunissais autour de moi environ 2,000 hommes peu rassurés. A 9 heures, on donnait l'ordre de la retraite, et une fois en marche, j'assistai au désordre le plus complet. Infanterie, cavalerie, artillerie, bagages plus ou moins confondus, et, spectacle plus triste encore, les hommes restant dans tous les cabarets et paraissant peu préoccupés d'être pris par l'ennemi. Dans cette nuit, mon imbécile de cavalier, montant *Négro* et conduisant *Guir* (noms de ses chevaux), était enlevé ; mon mulet et une partie de mes bagages subirent le même sort. J'étais ainsi fortement allégé ; mais la grande préoccupation de ce que je voyais m'amenait à me rendre compte à peine de ces pertes. Arrivé dans la nuit sous Sedan, les troupes se reconstituaient peu à peu, et j'allai trouver le maréchal pour le prier de me placer à la tête du 5e corps, dont le général de Failly avait conservé le commandement. Aussitôt après, j'allai visiter mes troupes, et par des paroles chaleureuses, par des mesures énergiques pour assurer leur ravitaillement, j'en remontai le moral. J'allai coucher au bivouac sans le moindre abri, et sans savoir ce que nous ferions le lendemain, mais cependant, persuadé que l'ennemi devait arriver à nous avec toute l'ardeur provenant des derniers succès.

« Au point du jour, j'entendais le canon et une vive fusillade, et comme j'étais au centre, j'examinai, dans tous ses détails, notre situation. Nous formions une grande circonférence reliée aux deux côtés de la petite place forte de Sedan. Le 12e corps tenait les hauteurs aboutissant à la Meuse, et par où nous étions arrivés. Il y avait eu, la veille (31 août), un combat d'artillerie pour empêcher l'ennemi de s'emparer d'une queue de convoi. A sa gauche, sur des hauteurs, le 1er corps (général Ducrot), aboutissant à un bois nommé la Garenne; de l'autre côté de ce bois, et en retour vers la place, le 7e corps (général

Douay) ; au centre, au point dit le Grand-Camp, les débris du 5e corps, que j'avais su surexciter et qui criaient vive leur général. Ce corps, le soir, détachait une brigade dans le bois de la Garenne et des avant-postes au dehors, afin d'éviter une surprise comme aux jours précédents. Je t'envoie le double du rapport que j'adresse au ministre. Avant la mort du maréchal, je n'avais été initié à quoi que ce soit, et je n'ai dû qu'à mon initiative, à ma prompte décision, à mon énergie, d'avoir tenu généraux et soldats autant que possible dans mes mains. Je n'eus pas même la ressource de l'état-major qui, après la blessure de son chef, ne jugea point à propos de venir m'offrir son concours. Le soir, en rentrant en ville, je trouvais des officiers généraux, et particulièrement ....., ignorant des ressources de l'ennemi et déblatérant. Je remis tout le monde à sa place et déclarai que je mènerais jusqu'au bout ce que la fatalité m'avait placé sur les épaules. Il y a mille détails qui manquent encore dans ce que je t'envoie ; ce sera pour plus tard ; mais nos insuccès sont plutôt dus au manque d'une direction énergique et capable qu'à nos officiers et soldats. J'ai bravé le danger plus que je ne l'avais encore fait de ma vie ; mais les projectiles ennemis semblaient ne vouloir que bruire autour de moi. En signant la capitulation, j'ai brisé mon épée. Cet acte m'a fait pleurer de rage, mais non découragé.

« Le général de Moltke et le comte de Bismarck m'ont déclaré que cette guerre demande trop de sacrifices pour que l'Allemagne puisse recommencer de longtemps. Nous ne pouvons donc, m'ont-ils dit, nous contenter de simples conventions : la Prusse y perdrait sa suprématie. »

Le général de Wimpffen à X....

Liége, 6 septembre 1870.

« Mon cher ami,

« J'ai chargé .... de te remettre une lettre et mon rapport sur la bataille du 1er septembre; je vais voir à compléter les renseignements fournis par quelques autres pièces. Je ne puis me faire à notre défaite, et encore moins à notre impossibilité de nous défendre dans ce pot de chambre qu'on nomme Sedan, et dont l'ennemi occupait les bords avec une artillerie qu'il nous était impossible de contre-battre. J'ai renoncé, je crois, avec raison, à faire massacrer les 40,000 hommes qui nous restaient, sans espérance de faire le moindre mal aux Allemands. Du reste, cette masse et la population se seraient soulevées après une heure de bombardement, et auraient exigé, dans des conditions encore moins favorables, une capitulation. Je serai accusé par des ignorants, par des gens manquant de vigueur, qui ont été la cause de ce qui nous est advenu ; mais les gens honnêtes et de valeur me rendront justice.

« Après la déroute de Beaumont, on ne devait toucher à Sedan que pour prendre des vivres, laisser les malades et écloppés dans la place, et continuer son mouvement de retraite. En s'éloignant de cette ville vers midi ou une heure, nous avions alors quatre ou cinq heures d'avance sur nos ennemis courant pour nous barrer la route, ce qu'ils exécutaient le 31 à cinq heures du soir, avec un corps de 80,000 hommes. Le lendemain, 1er septembre, ce mouvement terminé, ils nous attaquaient sur notre droite, afin de nous repousser sur des troupes fraîches, attendant notre descente des plateaux pour déployer toutes leurs forces.

« Il est à remarquer que si nous avions eu de l'artillerie en état de lutter, dans cette campagne, avec celle des Prussiens, leurs succès auraient été moins grands ; mais lorsque nos projectiles éclataient à 2,000 ou 2,400 mètres, les leurs portaient mille mètres plus loin ; il arrivait que les artilleurs prussiens tiraient comme à un polygone, et rectifiaient leur tir de manière à briser une partie qnelconque de notre matériel. Nos ennemis, certains de la supériorité de cette arme, en ont inondé nos champs de bataille, et ce n'est généralement qu'après nous avoir écrasés de projectiles qu'ils faisaient marcher leur infanterie. Au bois de la Garenne, j'avais fait placer trois batteries : je dus les faire retirer, en raison de l'impuissance de leur feu et de leur désorganisation par celui de l'ennemi. On était sûr de voir nos pièces atteintes en trois coups. Du reste, ce qui fait une des forces de l'armée allemande, c'est que tout le monde ajuste ; tandis que chez nous, le soldat met une grande précipitation dans son tir, et ne fait feu qu'au hasard, et sur un point présumé plutôt que reconnu.

« Il y a enfin plus de discipline, et par conséquent plus d'obéissance dans les troupes prussiennes que chez nous. Elles manœuvrent avec ordre, et dévient rarement des lignes qui leur sont tracées.

« Les surprises qui ont eu lieu à l'égard de notre armée s'expliquent à peu près en ce qu'ils ont une autre manière de marcher que nous. Leurs troupes longent les routes par portions peu considérables, mais très-répétées, et toutes à peu près à égale distance : c'est, sur une grande échelle, la formation des compagnies d'un bataillon en bataille marchant par le flanc.

« Il est peut-être plus fatigant de marcher ainsi dans des terres labourées ou autres; mais il y a compensation, parce qu'il n'y a pas d'à-coups. Les routes restent libres, soit pour l'artillerie, soit pour les bagages.

« Je ne sais comment ils font pour leurs vivres; mais leur administration semble satisfaire à tous leurs besoins. Ce service chez nous a laissé beaucoup à désirer; et encore quand il y avait possibilité de faire des distributions, les troupes, par corvées, étaient-elles forcées, malgré les distances, à se rendre à un point central, où, en raison de la multiplicité des demandes, il y avait presque toujours lenteur et désordre. L'intendance devrait, là où des distributions sont présumées, avoir des moyens de transport pour porter au moins à chaque corps d'armée ce qui lui est nécessaire.

« Je crois que, malgré ses échecs, la France peut encore avoir raison de nos ennemis, mais cela sans livrer de grandes batailles.

« A Paris, il faut des pièces de marine et de siége partout entre les forts, et, un peu en arrière, des ouvrages en crémaillère, ayant des feux de position. Il importe surtout, dans les premiers jours, d'éloigner le bombardement le plus possible de la capitale : il faut que ses habitants s'y façonnent.

« Des corps de troupes peu considérables répartis sur les flancs de l'ennemi, venant en aide aux guérillas, pas assez forts pour livrer de grands combats, mais en état d'écraser de petits corps ; passant entre les lignes de leur adversaire, détruisant les chemins de fer, faisant sauter les ponts partout où il s'en trouve, détruisant les fourrages, enlevant chevaux et voitures pour les concentrer en arrière de leurs propres opérations.

« Mon absence me fait plus que jamais désirer le succès de nos armes, devrais-je pour cela rester deux années exilé. Si l'empereur avait répondu à mon appel, il est plus que probable qu'une partie au moins de l'armée ne serait pas prisonnière, et moi je n'aurais pas cette tache d'une capitulation.

« Allons, mes fleurs, j'espère pour toute consolation que je mourrai au milieu de vos parfums !

« Pour toi, mon ami, mon amitié sincère. »

Le colonel B. à X....

15 septembre 1870.

« Me voilà à ma destination, et, à quelques pas de moi, dans la forteresse d'Ulm, sont cinq mille compagnons d'infortune. Depuis mon entrée sur le territoire allemand j'ai été reçu avec bienveillance, je dirai même avec une considération diminuant un peu l'amertume de mon affreuse position. Le nom de Moltke est d'un effet magique dans toute l'Allemagne et particulièrement en Prusse. A la vue de sa signature on levait son chapeau et l'on s'inclinait; les paroles en ma faveur dans les lettres, lues par les autorités, faisaient courir au-devant de mes désirs. C'est cette action puissante du roi Guillaume et de ses ministres, acceptée par toute l'Allemagne, qui est cause que la France est envahie en ce moment par un million d'hommes armés. Et dire qu'il ne s'est pas trouvé dans notre pays un seul homme capable de bien préciser cette situation, et que Thiers lui-même n'a pu combattre la guerre que par une résistance incolore !

« En parcourant, non pas seulement la Prusse, mais les nouveaux États annexés, puis le duché de Bade et le Wurtemberg, on voit partout un peuple de soldats, une population façonnée à la guerre. Il n'y a pas un seul employé dans les gares qui n'ait une tenue militaire, depuis le chef jusqu'au dernier agent. Dans les villes, tout le monde marche au pas ; au mouvement des bras et des épaules, on sent que tous ont appris à manier un mousquet. Les gens de la campagne ont eux-mêmes, dans leurs champs, une tenue militaire : la casquette, un pantalon serré dans des bottes ; tout ce monde peut, sur un seul mot, se transformer en soldat. On voit des gens de la landwehr prêts à marcher ; ils sont un peu plus lourds, quelques-uns un peu plus gras ; mais tous manœuvrent avec une rectitude, je dirai une discipline qui donnent à songer que l'Allemagne est décidée à tâcher de prendre le premier rang en Europe. La femme elle-même semble préparée à l'absence de son père, de son mari, de ses frères ; elle s'occupe d'une foule de travaux que chez nous les hommes se réservent. Ici, c'est une femme qui met des bœufs sous le joug ; là, une autre placée sur un cheval traînant une voiture chargée ; plus loin, une jeune fille fauchant avec une habileté et une vigueur ne laissant rien à désirer. C'est un peuple, enfin, qui semble être à la hauteur de la mission qu'il s'impose en ce moment. Quant à la misère, elle ne se montre nulle part : point de pauvres dans les villes, point de mendiants sur les routes. J'ai vu des blessés, rendus sans doute à la vie civile, un bras en écharpe, traînant de l'autre une petite voiture, ou sur les épaules des fardeaux placés par des camarades.

« Voilà, en ce moment, le peuple germanique tel qu'il se présente à mes yeux : c'est à la France à savoir le surpasser ; mais je crains que cet énervement, poussé à ses dernières limites depuis quelques années, cette incurie qui nous portait à désarmer, à apprendre à notre nation à ne savoir que calculer et se servir de chalumeaux au lieu de fusils, nous empêchent de nous monter à la hauteur des désastres à réparer.

« Si nous succombons, c'est la perte de l'Alsace et d'une partie de la Lorraine; c'est une honte éternelle à ceux qui, par leur façon de gouverner ou de parler, auront contribué à ce résultat.

« Il ne faut pas que beaucoup de gens, actuellement au pouvoir, croient qu'ils n'en sont pas responsables; ils ont trop contribué à détruire notre esprit militaire, en présence d'une Europe armée, pour ne point être justiciables de nos malheurs, aussi bien que l'empereur et sa cour.

« Cette lettre sera, comme les autres, lancée au hasard. Dieu veuille qu'elle te parvienne! »

Le général Z. à X....

23 septembre 1870.

«Mon cher ami, si Paris résiste avec avantage jusque dans l'hiver et que les frimas puissent venir à notre aide, la France est sauvée. Il est impossible que le Midi ne s'émeuve pas au point d'envoyer des milliers d'hommes sur les flancs de l'ennemi, et que nos troupes ne parviennent pas à causer des préjudices sérieux à nos adversaires. Or leurs armées, plus elles seront nombreuses, plus elles éprouveront de peine à se ravitailler, surtout si nos francs-tireurs savent, à leur tour, couper les lignes télégraphiques, enlever des rails et faire des ponts. L'armée allemande ne trouvera point suffisamment à vivre dans des contrées désolées; de là, la misère, les maladies, fièvres, typhus, dyssenterie, décomposition matérielle et morale. Alors le tour de nos nouvelles armées peut revenir, et si nous chassons l'invasion jusqu'au delà de notre frontière, les Allemands seront hors d'état de fournir une seconde édition de soldats. Les débris de leurs troupes, unis aux landwehrs, pourront peut-être fournir une seconde représentation et plus terrible que celle de Sedan, car ils n'auront plus rien pour la réparer. Il règne, à ce sujet, une vive inquiétude dans toute l'Allemagne; les moindres revers feront naître un découragement général, une évacuation en désordre, une panique nous permettant non plus d'être reçus à merci, mais d'imposer des conditions : voilà ce que la France peut obtenir si elle sait seulement résister. Il faut actuellement éviter de grands combats, et cependant savoir se réunir en force pour écraser des fractions de corps. Il faut prodiguer l'argent en faveur des citoyens courageux, donnant des renseignements certains sur l'ennemi, et permettant de le battre. Il est flatteur qu'on dise de vous : Vous avez bien mérité de la patrie aujourd'hui, surtout en présence de nos désastres;

mais cela est insuffisant; il convient d'ajouter qu'on indemnisera de toutes ses pertes la personne qui saura être un éclaireur habile, que la patrie assurera l'existence de toute la famille des citoyens envoyés en mission et succombant pour l'exécuter. La presse officielle devra enregistrer cinquante mille francs, cent mille francs inscrits sur le grand-livre pour la famille de M. un tel, pour un père, pour un frère, pour un mari tué ou fusillé en cherchant à reconnaître la situation, l'effectif, la direction prise par tel corps allemand. Enfin, mon cher ami, il s'agit d'élever la voix et de faire comprendre à tous les citoyens de France qu'en ce moment se joue sa fortune, sa gloire, son existence, et qu'il ne faut, pour la sauvegarder, que du courage sans grandes conceptions, que des combats sans grandes batailles, que la désorganisation des routes, chemins et denrées là où se rend l'ennemi, et sur les lignes qui doivent leur fournir des vivres et des munitions.

L'Espagne épuisée a su résister et vaincre

sans armées, si ce n'est quelques milliers d'Anglais, la grande puissance de Napoléon. Ce serait une honte indélébile pour la France de ne savoir au moins en faire autant à l'égard d'une Allemagne qui se fait illusion au sujet de l'accord de toutes ses parties.

J'ai eu connaissance d'une pièce, faite par un aide de camp ou un officier attaché au général Ducrot, par laquelle ce général croit qu'il aurait sauvé l'armée française si on lui avait laissé exécuter son mouvement de retraite à Sedan. On peut lui opposer le récit du *Moniteur officiel prussien*, qui prouve que les routes de Mézières et de la frontière belge étaient parfaitement gardées, et qu'au contraire celle de Carignan était libre. Le général de Wimpffen avait eu un éclair de génie qui, si on l'avait écouté, pouvait nous éviter la honte d'une capitulation.

Considérations militaires sur la guerre actuelle.

I

Sur le rocher de Sainte-Hélène, au moment de mourir, le plus grand capitaine des temps modernes, Napoléon Ier, eut la prévision du changement quasi radical qui devait s'opérer dans la façon de faire la guerre dès que les puissances auraient adopté les armes à tir rapide, c'est-à-dire les armes à feu se chargeant par la culasse.

Le dernier volume de la Correspondance de l'empereur, publié il y a deux ou trois ans, contient à cet égard une note des plus curieuses écrite de la main même de Napoléon Ier, et trouvée dans les papiers du général Bertrand.

De toutes les puissances continentales, la Prusse, la première, a compris la supériorité que donnerait aux troupes d'une nation sur celles des autres un armement pareil.

Aussi, loin d'en plaisanter, comme un ministre de la guerre et des généraux le faisaient encore en France il y a six ou sept ans, appelant l'arme à tir rapide un fusil à *jet continu*, loin de déclarer du haut de leur grandeur que des armes de ce genre ne pouvaient être placées aux mains des soldats, les généraux prussiens s'étaient mis à l'étude, avaient fait adopter le fusil se chargeant par la culasse, et le gouvernement, sans rien ébruiter, avait doté son infanterie de ce fusil systématiquement repoussé, blâmé, ridiculisé en France par la tête de l'armée.

Lorsque la campagne d'Italie de 1859 eut démontré la supériorité du canon rayé sur la bouche à feu à âme lisse, la Prusse se hâta de transformer son matériel, et de remplacer ses anciennes pièces en fonte se chargeant par la bouche par des pièces rayées, en acier fondu, se chargeant par la culasse.

Elle obtint au moyen de ces changements :

Une infanterie armée d'un engin infiniment supérieur à celui en usage dans toutes les infanteries de l'Europe, et une artillerie dont le matériel, plus résistant que celui des autres puissances, donnait aux projectiles une portée beaucoup plus grande, une justesse effrayante, et dont le tir était plus rapide des deux tiers.

Tout cela, nous le répétons, se fit en Prusse, sans éclat, en silence.

Tandis que nous nous admirions dans notre passé glorieux, vivant sur les souvenirs de nos armées du premier empire, rebelles à tout changement, à toute innovation réputée de prime abord mauvaise, ridicule, absurde, les jeunes princes et les généraux du roi Guillaume étudiaient, expérimentaient, et finalement faisaient adopter les armes nouvelles, dont ils avaient reconnu l'énorme supériorité. En outre, et comme conséquence, ils admettaient sans peine les changements que ces armes nouvelles devaient apporter et dans l'organisation des troupes et dans la manière de les employer à l'avenir, c'est-à-dire dans l'art de la guerre.

Ils reconnaissaient avec joie que les avantages dus à la bravoure individuelle disparaissaient en partie devant les avantages matériels des engins nouveaux. La terrible baïonnette du fantassin français, le redoutable sabre du cavalier de cette nation, devenaient beaucoup moins redoutables. Avec des armes à longue portée, il n'y aurait plus que bien rarement des combats à l'arme blanche; les nôtres, impatients, useraient vite leurs cartouches par un tir trop rapide.

Non-seulement on comprit tout cela en Prusse, mais on étudia, on expérimenta toujours sous le manteau de la cheminée; on se prépara de longue main à la lutte, et on entra franchement, résolûment, sans arrière-pensée, dans la voie des réformes radicales, abandonnant les vieilles méthodes de guerre, laissant la routine à ceux qui ne pouvaient s'empêcher de lui sacrifier encore.

L'infanterie fut armée du fusil dit à aiguille, premier et encore informe engin de ce genre, sans doute, mais fort supérieur au meilleur fusil se chargeant par la bouche.

L'artillerie fut augmentée dans des proportions considérables, doublée, triplée pour les divisions, et rendue d'un calibre colossal pour les bouches à feu de positions et de siége.

La cavalerie, dont on vit bien que le rôle devait être modifié ou plutôt changé complétement, reçut une organisation nouvelle. On conserva peu de ces magnifiques régiments de parade dont le choc, dont les charges brillantes, sur une infanterie ou sur une artillerie armées d'engins à tir rapide, de précision et à longue portée, ne pouvaient plus avoir lieu que rarement, accidentellement, exceptionnellement. Comment, en effet, atteindre de la pointe du sabre des hommes armés d'engins vous anéantissant, vous écrasant de loin, et ne permettant pas qu'on les pût aborder? Au lieu donc d'une cavalerie désormais inutile, on organisa une cavalerie légère, rapide, nombreuse, pouvant éclairer au loin, découvrir, former un rideau impénétrable autour d'un corps de bataille, autour d'une avant-garde, d'une arrière-garde couvrant les colonnes en marche, sachant passer partout, faire des courses énormes, tuer au besoin ses chevaux, donner des renseignements, effrayer l'ennemi, ou du moins les populations, par des apparitions subites.

L'intendance fut organisée pour un service de guerre, nullement pour un service de paix. La Prusse, dont des officiers *intelligents* et choisis en dehors de *tout favoritisme* suivaient de l'œil les armées en campagne, tandis que d'autres officiers, également bien choisis, connaissant la langue des pays où ils étaient envoyés, résidaient chez les puissances à titre d'attachés militaires, la Prusse, disons-nous, ayant reconnu l'insuffisance de notre corps d'intendance pendant les campagnes d'Orient, d'Italie, du Mexique, la Prusse, souriant à notre maladresse, se constitua un corps habitué à tout prévoir, à tout ordonner, à nourrir ses hommes; un corps dont les membres firent consister leur gloire non pas à combattre et à mourir sur le champ de bataille, non pas à obtenir des distinctions militaires et des assimilations ridicules, mais à ne laisser les troupes manquer de rien de ce qui est nécessaire à la vie des hommes.

Le service médical fut aussi l'objet de la sollicitude de ces habiles organisateurs. Tandis qu'en France nous mettions entraves sur entraves au bon recrutement de cet utile et indispensable rouage, tandis que nous abaissions son niveau en imposant une sorte de tutelle à ceux qui se dévouaient à donner leurs soins à nos malades et à nos blessés, tandis que nous arrivions ainsi à restreindre les cadres des médecins militaires de telle façon que le service n'était plus assuré nulle part, et restait en souffrance aux armées actives comme à l'intérieur, la Prusse, elle, trouvait le moyen d'avoir pour ses troupes en campagne une sorte d'exagération, de luxe de personnel médical.

Autre chose.

La Prusse ayant une armée organisée pour la guerre, embrigadait, endivisionnait ses troupes ; elle les tenait toujours en corps d'armée et prêtes à marcher avec ses généraux, ses états-majors, ses batteries, son matériel, ses services administratifs. Tous ces éléments se connaissaient, étaient habitués à agir ensemble. Sans cesse au complet, ils pouvaient se déplacer en un instant, sans encombrement, sans à-coup, se porter rapidement, et tout prêts à combattre, d'un point sur un autre.

En France, l'embrigadement, l'endivisionnement, la formation en corps d'armée non-seulement n'existait nulle part, même dans les 1er, 4e corps et en Algérie, mais pour la plus petite expédition, pour le plus léger déplacement, généraux, états-majors, personnel de l'intendance ou médical, tout était changé, bouleversé.

Quant au matériel d'artillerie, d'ambulance, etc., nous aurons tout dit en affirmant que les divisions et les corps d'armée sont arrivés en face de l'ennemi, en 1859, sans avoir leur organisation, et en juillet 1870, à la frontière, sans avoir leur matériel complet de guerre; si bien que le premier corps s'est battu à Freschwiller sans avoir ses ambulances réglementaires.

Cela n'empêche pas que dans les temps que nous venons de traverser en mensonges fertiles, alors qu'il fallait tout approuver, tout admirer, s'extasier sur toute chose émanée du gouvernement de l'empereur, un ministre de la guerre que nous ne nommerons pas, Son Excellence le maréchal Niel, a bien eu le superbe aplomb de raconter à la chambre, en pleine chambre, que l'armée française *était formée en brigades, en divisions, en corps d'armée,* et prête à entrer en campagne du jour au lendemain. Ceci se passait en 1867.

Ajoutons que cette jolie (qu'on nous passe le mot, nous sommes sur le chapitre de l'armée), cette jolie *blague*, comme on dit en style militaire, a été *gobée* par tous et par chacun de messieurs les députés, sans qu'un seul se soit levé pour dire au maréchal, même parmi les anciens militaires, parmi les quelques généraux des cadres de réserve ayant commandé des troupes, et alors députés au corps législatif : « Mais, maréchal, vous nous racontez là des histoires à dormir debout; mais il n'y a pas un mot de vrai dans tout ce que vous nous dites! »

Il est positif, après cela, que s'ils eussent tenu ce langage audacieux, le lendemain ils étaient décrétés d'opposition et honnis à la cour. Il y a plus encore, le même maréchal, toujours ministre de la guerre, six mois après cette séance, faisait écrire dans son propre journal — le *Moniteur de l'armée*, créé et mis au monde pour être l'admirateur-né et passionné de tous les ministres de la guerre — que l'embrigadement, l'endivisionnement de l'armée était *impossible* en France?

Voilà comment les choses se passaient chez nous; voilà comment le gouvernement impérial, le gouvernement personnel poussé à l'extrême a préparé notre ruine. Mais poursuivons.

Pour nous, il est hors de doute qu'indépendamment de l'énorme disproportion de nos forces avec celles mises en ligne par la Prusse, nos désastres sont encore dus à ce fait, que dans ce pays on a compris la révolution complète, radicale, dans la manière d'organiser les éléments de combat et de faire désormais la guerre, révolution produite par les inventions nouvelles appliquées à ce grand art, tandis qu'en France on a maladroitement, vaniteusement repoussé toute étude sérieuse de ce genre.

L'histoire militaire nous offre beaucoup d'exemples d'armées battues, anéanties pour ne s'être pas tenues à la hauteur des méthodes nouvelles. En France il a fallu bien du temps pour faire abandonner les armes défensives à notre vaillante noblesse. Le chevalier Bayard ne pouvait admettre qu'un roturierle pût atteindre de loin, d'une arquebusade.

Sans remonter si haut, en 1796, les vieux généraux autrichiens furent déroutés par la façon nouvelle de marcher et de combattre du jeune Bonaparte. En 1806, les armées de la Prusse, vivant toujours sur les errements du grand Frédéric, furent battues, anéanties en quelques jours. En 1870, nous subissons la même peine pour n'avoir pas voulu comprendre que la manière de faire la guerre aujourd'hui n'est plus celle du premier empire, n'est même plus celle que l'on pouvait mettre en usage en 1859.

Les avertissements n'ont pas manqué cependant au gouvernement de l'empereur Napoléon III. En 1863, un officier supérieur du corps d'état-major qui a beaucoup écrit sur l'histoire militaire, publia, sous le masque de l'anonyme, une brochure des plus curieuses et des plus vraies, intitulée : *Influence des inventions modernes sur l'art de la guerre*. Après des considérations présentées avec logique, touchant l'application de la vapeur aux voies de mer et de terre, arrivant aux changements qui, d'après lui, devaient résulter forcément de l'adoption non moins forcée des armes nouvelles à tir rapide, il dit : « Après la question du canon rayé se chargeant par la bouche, viendra celle du canon rayé se chargeant par la culasse; puis la question du fusil se chargeant également par la culasse, succédant au fusil à baguette. »

Prévoyant le rôle que jouerait alors (et cela ne pouvait tarder, d'après lui) l'arme à feu de précision, à *jet continu*, comme on l'avait appelée en plaisantant, et à longue portée, l'auteur de la brochure disait, page 60 :

« En résumé nous prévoyons :

« Pour l'artillerie, une prépondérance très-grande et très-fâcheuse, car l'artillerie est l'arme de la destruction ;

« Pour l'infanterie, une modification dans la manière de combattre ;

« Pour la cavalerie, une modification presque complète.

« Voilà, d'après nous, quels seront les résultats probables de l'emploi des nouvelles armes de précision, relativement à l'organisation et à la tactique des troupes régulières.

« Peut-être les grandes batailles seront-elles plus rares, car les grandes batailles ne seront plus que de grandes tueries. Le talent, le génie auront bien moins d'action sur le résultat final d'une campagne qu'ils n'en ont eu jusqu'à présent. Les vastes combinaisons stratégiques seront encore possibles hors de la portée de l'ennemi; les grandes combinaisons tactiques seront plus difficiles, en face des moyens destructeurs employés par les armées, ou du moins les combinaisons tactiques devront être modifiées en raison des armes nouvelles. »

Ceci était écrit et publié en 1863, sous le ministère du maréchal Randon. Il était assez naturel que cette brochure éveillât l'attention du ministre et des hommes compétents, qu'on se donnât la peine de l'examiner à fond, de se rendre compte des observations qui s'y trouvaient, risque à la critiquer au besoin, à en démontrer les erreurs s'il s'en trouvait (1).

(1) De fait, les événements actuels ont donné un démenti à l'une des propositions de cette brochure. L'auteur condamne les fortifications de Paris, surtout l'enceinte continue, qu'il considère comme inutile. Aucune armée, si nombreuse qu'elle soit, ne pouvant, *d'après lui*, chercher à entrer dans Paris, si Paris veut faire des barricades et se défendre. L'auteur doit reconnaître aujourd'hui combien il était dans le faux; car si la capitale de la France n'eût pas été fortifiée, le pays était perdu. Ajoutons que sans doute l'épouvantable désastre de Sédan n'était jamais entré en ligne de compte, pas plus

Du tout. Le ministre était officier de cavalerie, et l'auteur soutenait cette thèse : que les armes de précision et à grande portée devant forcément modifier avant peu le rôle de la cavalerie, il était à présumer que les beaux régiments de cuirassiers et de dragons disparaîtraient, attendu que les armes à feu atteignant de loin et avec justesse, ne permettraient plus que rarement, accidentellement, les charges en ligne.

Rien qu'à la pensée de voir convertir les cuirassiers et les dragons en lanciers et en chasseurs, M. Randon s'émut, quelques généraux ayant commandé des brigades et des divisions de grosse cavalerie de ligne prirent la mouche, l'auteur fut décrété un utopiste dangereux, un révolutionnaire militaire, un modificateur inepte, etc. etc. Un brillant écrivain natif de la cavalerie mit la plume à la main et Pégase au galop ; le général Ambert,

que le blocus de Metz, dans ses prévisions. — L'imprévu est un si grand maître. Ajoutons encore que l'empereur Napoléon III, lisant cette brochure quelques années après qu'elle eut paru, désapprouva ce qui était relatif aux fortifications de Paris.

secondant les vues de son ministre, se rua sur la brochure, l'attaqua, la chargea, la défigura, la pulvérisa sans plus l'étudier que le maréchal Randon et les autres gros bonnets de l'armée. On rechercha son auteur, non pour lui faire compliment sur son patriotisme, sur son désir d'être utile à ses frères d'armes et à la France, encore moins pour discuter avec lui, mais pour lui infliger la verte et sévère punition que méritait son crime. Pendant ce temps-là, on lisait et on relisait beaucoup en Allemagne la susdite brochure, et l'on ne craignait qu'une chose, c'est de la voir prendre en considération en France. La Prusse n'eut pas longtemps cette préoccupation. Presque seul, un jeune officier général français, parmi les hommes à la tête de notre armée, voulut bien y faire une attention fort sérieuse et même l'utiliser plus tard, lorsqu'il publia un livre qui eut un énorme retentissement. Il est vrai que ce jeune général était M. Trochu, celui qui aujourd'hui tient, à Paris, le dé de la conversation contre les Prussiens.

Deux autres hommes de guerre également, nous devons le reconnaître, firent à cet écrit l'honneur de ne pas le considérer comme indifférent. L'un était le vieux maréchal comte d'Ornano, dont l'auteur était alors l'aide de camp, et qui après s'être fait lire, à plusieurs reprises, le *factum*, finit par avouer, lui, l'ancien commandant de la grosse cavalerie de la garde à Bautzen, qu'en effet le rôle de cette cavalerie paraissait toucher à son terme, par suite des modifications apportées dans la manière de combattre par les armes à feu qu'on ne tarderait sans doute pas à adopter.

L'autre est une de nos illustrations militaires, le vénérable général Changarnier.

Dans la brochure que ce dernier publia, à l'époque où parut le livre du général Trochu, il reconnaît la modification du rôle de la cavalerie dans les guerres futures, et il ajoute :

« Débarrassons les cavaliers de ce long et lourd fusil, de ce pistolet à peu près innocent du sang répandu dans les guerres modernes. On pourrait les remplacer par un mousqueton se chargeant par la culasse, etc.»

Le général Trochu, allant plus loin, écrit, page 184 de son important ouvrage :

« Cette nécessité de l'allégement de la cavalerie résulte de l'obligation qui lui est généralement faite aujourd'hui, de partir de plus loin, en raison de la plus grande portée des armes, et d'arriver plus vite, en raison de la masse de projectiles que lui oppose le tir, sans intermittence, de l'infanterie. »

Pages 186 et 187 du même ouvrage, on lit :

« Je demande que le principe de la constitution de la cavalerie soit celui qu'exprime la formule suivante : Des cavaliers légers sur des chevaux énergiques et résistants. Ai-je besoin de dire que les chevaux de taille démesurée, les cuirasses, les casques, dans les troupes à cheval, disparaîtront pour toujours, et que l'armée française n'aurait plus qu'une seule espèce de cavalerie, etc.? »

Les Prussiens ont-ils assez mis en pratique ces principes, en augmentant leurs uhlans? ont-ils assez usé, usent-ils assez encore, au moment où nous écrivons, de ce genre de cavaliers légers sur des chevaux résistants?... Ils les utilisent au point de réussir à investir une ville de 18 lieues de circonférence, au moyen de cette cavalerie!...

La brochure anonyme, dont l'auteur, aujourd'hui connu, est le commandant *Du Casse*, parut en 1863; celle du général Changarnier, et le livre du général Trochu, en 1867, alors que déjà Sadowa avait forcé la France à changer l'armement de son infanterie, malgré son ancien ministre, Son Excellence Randon et sa docte cabale.

Autre avertissement encore plus sérieux.

En 1864, croyons-nous, le général Bourbaki fut envoyé en Allemagne pour étudier l'armement de l'infanterie prussienne; il revint en disant, en écrivant: « Changez, changez votre arme se chargeant par la bouche. » On lui rit au nez, et un de nos maréchaux, *sergent-major* sous le premier empire, parvenu à la plus haute dignité de l'armée, par l'opération de la politique du coup d'État, s'éleva vertement contre les idées du jeune et brillant général. N'avait-on pas fait la guerre à l'Europe entière, sous le grand Napoléon, avec le fusil à pierre, la grande guêtre et sans tente-abri? — Brave homme, n'a-t-on pas fait la guerre aussi et gagné des batailles avec la flèche et l'arbalète, avec la lance, la hache et la cotte de mailles de l'homme d'armes, avec l'arquebuse à serpentin et à rouet, avec la couleyrine à mèche ?

Après cela, M. Vaillant, ministre de 1854 à 1859, avait bien d'autres questions à traiter que celle de l'armement : la conservation des bonnes grâces du souverain et celle de ses gros traitements? M. Randon, de 1859 à 1867, pouvait-il supporter qu'on se permît de parler, sans son attache, de modification pour une arme qui avait l'honneur de le compter dans ses rangs? — Allons donc ! — M. Niel, lui, commença à entrevoir quelque chose ; M. Lebœuf ne vit rien ou ne voulut pas, ou n'osa rien voir, et surtout n'osa rien dire, et... et nous avons été amenés tout doucettement à la jolie position dans laquelle nous nous trouvons aujourd'hui. Voilà comme tout s'enchaîne ici-bas.

Comment se fait-il, dira-t-on, que notre artillerie, très-supérieure à celle des Autrichiens, en 1859, par l'adoption des canons rayés, soit restée inférieure à celle des armées allemandes, en 1870? Pourquoi? nous allons le dire.

En 1859, c'est un officier d'artillerie, M. Treuille de Beaulieu, qui, s'étayant de l'empereur, et peut-être même travaillant avec Napoléon III, la chose est fort possible, imagina le canon rayé. Les généraux d'artillerie luttèrent faiblement devant une invention revenant au chef de l'État. Mais cela fait, comment ensuite oser toucher à cette artillerie, comment parler de modifier ce jet du génie impérial? Est-ce que la perfection ne devait pas être atteinte par le système du souverain?....

Nous croyons avoir expliqué les causes de notre infériorité matérielle, comparativement à nos adversaires ; nous terminons ce livre par quelques remarques qui nous ont été suggérées, en observant ce qui vient de se passer depuis l'ouverture de la campagne, et en comparant la manière de combattre et d'agir des troupes allemandes avec les nôtres.

Aux quelques causes principales de nos revers que nous venons d'indiquer sommairement, nous ajouterons les causes secondaires suivantes :

La discipline rigoureuse maintenue dans l'armée prussienne, et l'indiscipline qui s'est glissée dans la nôtre.

On pourrait faire remonter à quelques années, à la campagne d'Italie peut-être, les germes d'indiscipline qui ont envahi tous les rouages de notre machine militaire, et leur donner pour cause : d'une part, les tendances trop accusées du gouvernement impérial au favoritisme, à la substitution des jouissances matérielles aux principes sacrés de l'honneur, à la prodigalité des croix et des récompenses non méritées, à la mollesse de la répression des fautes même les plus reconnues ; d'autre part, l'inexécution des prescriptions du code pénal militaire.

Le jour où l'indiscipline a frappé notre esprit, c'est lorsque le départ des troupes pour l'armée du Rhin a commencé dans les gares de Paris. Au lieu de mettre en route avec ordre, par les chemins de fer, sans bruit, sans cris, militairement, nos bataillons, nos escadrons et nos batteries, l'on a cru pouvoir laisser les masses populaires se glisser au milieu des rangs ; on a trouvé d'un bon augure les cris frénétiques et de mauvais goût : *A Berlin ! à Berlin !* On s'est figuré qu'on excitait l'enthousiasme de l'armée en permettant aux soldats de se débarrasser de leurs armes et de leurs sacs pour entrer dans tous les cabarets et boire aux dépens du bourgeois et de l'ouvrier beuglant la Marseillaise, du gamin de Paris, fier de traîner le fusil du troupier sur le pavé des rues ou sur le macadam du boulevard.

On a laissé les hommes de troupe se griser ; on les a emballés pêle-mêle dans les chemins de fer. Ce jour-là, les sous-officiers, les officiers n'ont plus été maîtres de leurs subordonnés; ce jour-là, l'indiscipline a commencé à se jeter dans les rangs, et a fait en peu de jours d'effrayants ravages. Le manque de distributions régulières, la facilité de brûler immédiatement les quatre-vingt-dix cartouches du sac et de dire ensuite qu'ils étaient désarmés, ont été des moyens pour les uns et des prétextes pour les lâches de déserter le champ de bataille, de se répandre partout, et d'abandonner le poste de l'honneur.

En remontant plus haut, la guerre d'Afrique, ce laisser-aller dans la tenue extérieure, dont usent et mésusent les régiments spéciaux à l'armée de notre colonie et qu'adoptent bien vite les corps qui débarquent en Algérie; cette funeste habitude de mettre sac à terre et de courir sus, sans ordre, comme à la chasse de la bête fauve, sur l'Arabe et le Kabyle, sont encore pour beaucoup dans les causes d'indiscipline que cette dernière guerre a mises au jour.

Combien n'avons-nous pas vu de soldats, indignes de ce nom, jouant, dans les rues de nos grandes villes, à l'échappé de Wissembourg, de Freischwiller ou de Sedan, se faisant comme un point d'honneur de conserver une tenue sordide, croyant se rendre intéressants, et aller jusqu'à tendre le képi pour mendier une aumône dont ils n'avaient nul besoin, puisque l'État fournit à leur entretien? N'en avons-nous pas entendu, enfin, aller jusqu'à proférer des menaces de mort contre leurs propres officiers?

On a pris depuis quelques jours des mesures énergiques pour réprimer ces excès, surtout depuis l'arrivée du ministre Gambetta à Tours. A Paris, le résolu général Trochu ne laissera pas envahir ses troupes par l'indiscipline. Honneur à ces deux hommes courageux! Ils ont compris leur mission. Si l'on veut obtenir des succès avec des citoyens armés, soldats, gardes mobiles, francs-tireurs ou autres, il faut d'abord que la discipline règne en maîtresse absolue dans les rangs.

L'emploi judicieux des différentes armes par les généraux allemands a été pour eux un autre élément de succès.

Les militaires qui ont combattu les troupes ennemies ont pu voir que jamais les chefs n'engageaient leur infanterie avant d'avoir écrasé nos soldats par les projectiles de leur artillerie. Cette artillerie portant plus juste et plus loin que la nôtre, leurs fusils à aiguille étant inférieurs à nos chassepots, ils dissimulent leurs troupes à pied, ne les laissant pas voir que les canons et les mitrailleuses n'aient fait leur effet.

Quant à la cavalerie, les Prussiens se garderaient bien d'engager la leur dans des charges à fond sans y être contraints par le hasard ou accidentellement par une circonstance exceptionnelle. Ils savent bien que les sabres de nos cavaliers sont aussi redoutables que les baïonnettes de nos fantassins; ils s'y dérobent avec grand soin, et l'on peut dire qu'on ne voit pas souvent leurs escadrons sur le champ de bataille. Mais la discipline est telle dans leur armée, que, s'ils cèdent du terrain, s'ils reculent, s'ils fuient devant une poussée vigoureuse, devant une charge trop dangereuse, ils ont soin de voir de quel côté se jettent leurs officiers, et de les suivre. Les officiers, par une habile tactique, cherchent toujours à gagner les flancs des colonnes d'attaque, et, tandis que la charge passe comme un ouragan, frappant souvent dans le vide, les Allemands se reforment sur les flancs, et prennent d'écharpe la cavalerie mal employée.

Avec quel talent, avec quel art ils utilisent leur cavalerie légère, leurs uhlans! Grâce à ces cavaliers, ils savent tout ce que fait l'adversaire, s'enveloppent eux-mêmes d'un voile impénétrable, lui dérobent tous leurs mouvements, et sachant au besoin sacrifier quelques coureurs, quelques chevaux, surprennent sans cesse, ne sont jamais surpris, effraient et rançonnent. Quand donc finira-t-on par faire comprendre en France à nos généraux, à nos officiers de cavalerie, que le jeu de l'homme à cheval ne consiste plus dans ces charges homériques qui, à

Eylau, à Wagram, à la Moskowa, à Waterloo, enfonçaient les carrés d'infanterie?

Pour résumer en deux mots la manière de faire la guerre aujourd'hui des armées allemandes, nous dirons que leurs habiles généraux inondent les champs de bataille de projectiles, et les campagnes de cavaliers. Ne croyez pas que vous arriverez à leur faire livrer un combat sérieux à l'arme blanche, une attaque à la baïonnette. Ils s'en gardent bien. Ils ne font pas la guerre pour le plaisir de la gloire, mais par intérêt. A cet égard ils sont dans les principes de la société moderne. Que leur importe de faire couler à flots le sang innocent, d'écraser des cités, de brûler des villages, pourvu qu'ils rançonnent et qu'ils aient le dessus !

Tous les moyens leur sont bons, y compris l'espionnage, le jeu de la crosse en l'air, celui du cri : « Ne tirez pas, nous sommes Français. » Quel est l'officier de notre nation qui consentirait à employer le moyen honteux, dans nos habitudes loyales, de l'espionnage? Quel est le soldat qui voudrait mettre la crosse en l'air pour faire approcher sans défiance un ennemi plein d'humanité, en lui indiquant qu'il se rend, pour ensuite l'assassiner à son aise, à brûle-pourpoint, quand il est sans défiance et sans défense? Quel est enfin le Français qui, abusant de la similitude de tenue et de langage, ne se croirait pas indigne d'être soldat, s'il se faisait passer pour ce qu'il n'est pas?

Et cependant longtemps avant la guerre, et de longue main, le gouvernement prussien a converti en espions de bas étage même des officiers supérieurs de son armée. A plusieurs reprises des bataillons allemands ont mis la crosse en l'air, indiquant qu'ils se rendaient, puis faisaient feu sur les nôtres à quelques pas; enfin chaque jour, profitant de nos ridicules et multiples uniformes, ils parviennent à s'approcher de nos tirailleurs en criant qu'ils sont de tel bataillon, de tel régiment.

Qu'il nous soit permis, à cette occasion, de dire combien il serait urgent que tous les corps de toutes nos armées de ligne ou auxiliaire, puisque armée auxiliaire il y a, portassent un signe distinctif bien en évidence, comme le pantalon garance. Que de fausses méprises, que de dépenses, que de fatigues ont eût évitées à nos hommes, si on eût voulu comprendre que, par le temps de progrès où nous vivons, les troupes ne sont pas faites pour parader en temps de paix, mais pour se battre en temps de guerre ! Espérons que nos désastres auront au moins cet avantage de nous faire réfléchir, et de nous amener à bien des réformes utiles.

Que nos généraux rétablissent la discipline, que nos officiers s'adonnent à des études sérieuses, que nos soldats, occupés de leur métier, cessent ces éternelles stations au cabaret; que tous et chacun, en un mot, vivent de la vie militaire, et notre armée pourra être encore la meilleure du monde; les éléments ne nous manquent pas pour cela en France, et le cœur moins que le reste.

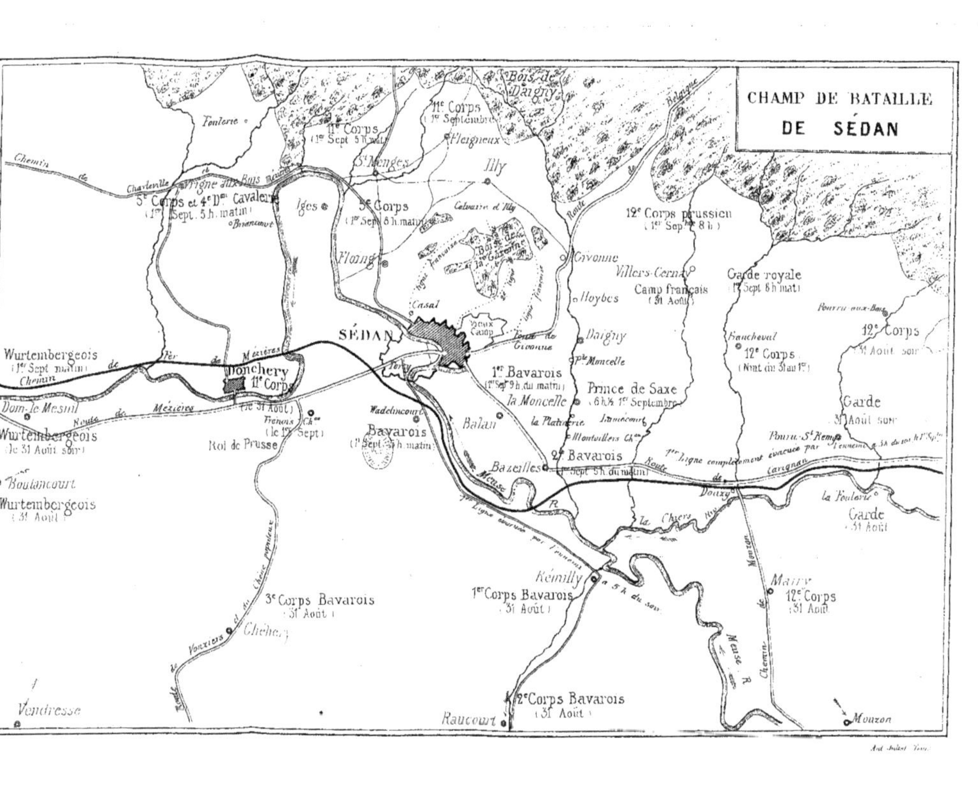
CHAMP DE BATAILLE
DE SÉDAN
SÉDAN
Donchery
11e Corps
Wurtembergeois
(1er Sept matin)
Dom-le-Mesnil
Wurtembergeois
(le 31 Août soir)
Boutancourt
Wurtembergeois
(31 Août)
5e Corps et 4e Don Cavalerie
(1er Sept. 5 h. matin)
11e Corps
(1er Sept 5 h mat)
11e Corps
(1er Septembre)
Fleigneux
St Menges
Illy
Iges
5e Corps
(1er Sept 8 h matin)
Floing
Calvaire d'Illy
Bois de la Garenne
Casal
Vieux Camp
Givonne
Daigny
Haybes
12e Corps prussien
(1er Sept 8 h)
Villers-Cernay
Camp français
(31 Août)
Garde royale
(1er Sept 8 h mat)
Francheval
12e Corps
(Nuit du 31 au 1er)
12e Corps
(31 Août soir)
Garde
(31 Août soir)
Pouru-St Remy
Pouru-aux-Bois
1er Bavarois
(1er Sept 9 h du matin)
La Moncelle
Prince de Saxe
(6 h ½ 1er Septembre)
La Platinerie
Lamécourt
Montvilliers
Balan
Wadelincourt
Bavarois
(1er Sept. 5 h matin)
Frénois
(le 1er Sept)
Roi de Prusse
Bazeilles
2e Bavarois
(1er Sept 5 h du matin)
Douzy
La Chiers
La Foulerie
Garde
(31 Août)
Rémilly
1er Corps Bavarois
(31 Août)
3e Corps Bavarois
(31 Août)
Chéhéry
Mairy
12e Corps
(31 Août)
Meuse R
2e Corps Bavarois
(31 Août)
Raucourt
Vendresse
Mouzon
Route de Mézières
Route de Carignan
Route de Belgique
Chemin de Charleville
Bois de Daigny
Vrigne aux Bois
1re Ligne complètement évacuée par l'ennemi

TABLE DES MATIÈRES

pages.

730. — Tours. Impr. Mame.

www.ingramcontent.com/pod-product-compliance
Ingram Content Group UK Ltd.
Pitfield, Milton Keynes, MK11 3LW, UK
UKHW012213240726
13966UKWH00002B/730

9 782012 485419